教育对性别差异的影响研究

——以武汉市为例

■ 蒋亚丽 著

武汉大学出版社

图书在版编目(CIP)数据

教育对性别差异的影响研究:以武汉市为例/蒋亚丽著.—武汉:武汉大学出版社,2021.4(2022.4 重印)
ISBN 978-7-307-21562-7

Ⅰ.教… Ⅱ.蒋… Ⅲ.教育—影响—性别差异—研究—武汉 Ⅳ.①G527.63 ②D669.1

中国版本图书馆 CIP 数据核字(2020)第 096499 号

责任编辑:林 莉　　责任校对:汪欣怡　　整体设计:韩闻锦

出版发行：武汉大学出版社　（430072　武昌　珞珈山）
（电子邮箱：cbs22@whu.edu.cn　网址：www.wdp.com.cn）
印刷：武汉邮科印务有限公司
开本：720×1000　1/16　印张：10.75　字数：193 千字　插页：2
版次：2021 年 4 月第 1 版　　2022 年 4 月第 2 次印刷
ISBN 978-7-307-21562-7　　定价：39.00 元

版权所有，不得翻印；凡购我社的图书，如有质量问题，请与当地图书销售部门联系调换。

作者简介

蒋亚丽，女，1984年生人，汉族，祖籍河南省新密市，武汉大学博士。现为四川外国语大学社会与法学院副教授，硕士生导师。长期从事教育社会学的相关研究，尤其关注弱势群体的教育公平问题。已发表核心期刊论文十余篇，主持省级项目3项，参与国家级课题一项、省级课题一项。

序　言

本书是蒋亚丽博士在其毕业论文的基础上修改而成的优秀著作。作为她的博士生导师，看到她博士论文的出版十分高兴。我真诚地希望自己的学生能够像她一样多出优秀成果。

2013年作为外籍专家，我被聘任到我的母校武汉大学任教，蒋亚丽是我在国内招收的第一批博士生。由于调研的需要，蒋博士全程参与了团队调研的发起工作，并承担了"2014年武汉社会状况综合调查"的主要任务。调查前后历时一年，从抽样、画图、实地做问卷、数据整理，到后期的报告撰写，蒋亚丽博士全程参与并负责了该项目的领导和组织工作；通过这次综合调查的历练，蒋博士成为了一名优秀的科学研究工作者。本书是对这套数据分析的基础上撰写而成的。

蒋亚丽在读博期间一直很勤奋，也很踏实。这一良好的做事风格在这本著作中得到了充分体现。从教育社会学的角度研究性别问题，蒋博士独具慧眼，力求创新性。本书的题目是《教育对性别差异的影响研究——以武汉市为例》，她着重从教育成就、教育回报率、教育对就业的影响、教育对幸福感的影响、教育对社会信任的影响、教育对财富分配公平的影响等多方面进行性别差异的分析。本书行文的基本结构是，先分析总体样本情况，然后再区分男女。这样做既不失去总体视野，也能突出重心。本研究工作量大，牵涉主题多，但作者能从性别社会学的视角把这些主题串联起来，编织成一篇较为完整的著作，实属不易。

教育和性别关系的视角在国际学术界比较流行，尤其是受教育的权利以及性别平等。国内学术界对这些研究成果尚未引起太多的关注，我认为这是今后值得继续研究的一个非常重要的方向。定量研究在国际学术界独领风骚且成果繁巨，国内定量研究方法也在迅速普及。尽管国外最前沿的定量研究方法在进入国内学术界后传播得很快，但要把它变为普遍都能接受、易学的方法，还有很长一段路要走。定量研究方法看似是一种方法，实质是一种思维模式。本书正是作者思维模式转换的初步成果和经验总结。

序　言

　　受到时空和技术的影响，本书带有一定的局限性。教育本来就是一个非常宏大的议题，它包括的维度涉及方方面面。本书作者力求更全面反应问题，希望在今后的研究中进一步深入，从单一维度做更深层次的纵深分析。本书写作的整体过程还处于就教育论教育的阶段，如果继续深入，升华到女性权益和社会平等的层面，将更具学术价值。

　　总而言之，本书是一本有分量的定量研究著作。期待作者经过未来不断地科研积累，科研能力和水平更上一层楼。也欢迎对性别议题、定量研究方法感兴趣的朋友，在读完此书后提出宝贵的意见，继续从事新的研究。

林曾

2020 年 7 月于芝加哥

前　言

本书在运用教育社会功能理论的基础上，采用2014年武汉市综合社会状况调查的数据（CSSR），综合使用OLS线性回归模型、二元Logistic回归模型、结构方程模型、因子分析等多种数据分析方法，从物质和精神两个层面分析了教育对性别差异的影响。物质层面的影响主要包括教育对女性收入和就业的影响，精神层面则着重分析教育的两种机制对男性和女性主观幸福感、社会信任、财富分配公平感等方面作用的不同。

教育对性别差异的影响机制总体来说可以分为对教育人们社会经济地位的提升作用和道德规范作用两种。教育程度与人们社会经济地位呈正向相关关系，一般说来，受教育程度越高的人，社会经济地位也越高。教育的道德教化作用通过对人们思维意识的教化和改变，使人们能够恪守良好的价值观、遵守基本的社会规范。结构功能主义代表人物涂尔干一直强调教育的道德教化作用。他认为教育的道德价值是社会秩序的基石，社会通过教育制度得以延续。共同的价值观或社会成员间的共识是系统的重要组成部分，也是系统保持平衡的必要保障。

研究结果发现虽然女性教育回报率随着学历水平的增加呈现指数倍增长，但仍改变不了女性总体收入低于男性的事实。在低收入行业，女性的教育回报率高于男性，在高收入行业则恰恰相反。另外，优势阶层家庭子女的教育回报率高于劣势家庭子女，呈现出"优者更优"的马太效应。即使在优势阶层，良好的家庭背景也改变不了女性教育回报率低于男性的事实。正是由于这个原因，再加上中国父权文化对男性的偏重和对女性的歧视，导致家庭内部在分配教育资源时，会优先考虑男性。这一状况在农村和经济落后地区表现得尤为突出。但是家庭经济状况和父亲受教育程度对女性的教育公平又能起着根本的改善作用。这从另一方面也说明教育成就的性别公平深受家庭经济水平的制约。由于女性照顾家庭、生育后代的社会职责，使她们在求职过程中遭遇各种不公平待遇。女性要想达到与男性同等的职业地位，只有通过接受更多的教育来弥补自身性别劣势。教育在提升女性收入和职业地位等物质层面发挥着重要作用。

  教育在主观幸福感、社会信任、财富分配公平感等精神层面对两性的作用机制和影响大小并不相同。总体来说，女性的主观幸福感、普遍社会信任水平低于男性，财富分配公平感则比男性高。通过接受教育获得自身满足感能够提升人们的主观幸福感，并且对女性的作用效应大于男性。基于伊斯特林悖论，教育的社会经济地位效应能增加人们的主观幸福感，只是该效应对男性幸福感的影响作用大于女性。除此之外，教育的道德规范效应，对人们主观幸福感起着负向作用。教育对社会信任的性别差异影响根据熟人社会和生人社会对人们意识的约束机制不同也有所差别。在熟人社会中，广受遵守的社会道德规范是社会普遍信任的基石。教育的社会经济效应在仍然保持着熟人社会特性的区域城市内部，并不能造成人们社会信任程度的差异。对社会秩序良性运转的信任提升着男性和女性对陌生人的信任水平，且对女性的作用效应大于男性。在生人社会，教育的道德规范效应不再发挥作用。教育本身能够显著提升人们的社会信任水平，且对女性信任水平的提升大于男性。教育的社会经济地位效应则对男性的作用大于女性。教育本身和教育社会经济效应都不能对女性的财富分配公平感产生统计意义上的显著性，只有对选拔党政干部公平的程序公平的认可才能提升她们对他人的普遍社会信任。对于男性来说，除了党政干部选拔公平，教育本身也具有显著效应。从教育对性别差异精神层面不同的作用机制来看，教育更多地通过社会经济地位的提升影响着男性的主观意识，通过道德规范层面的引导提升着女性的主观精神境界。

  女性可以通过接受更高层次教育的方式显著缓解在就业和收入方面遭受的不公平待遇。更多的教育使女性成为可以独立思考的自由的人，从而实现精神世界的独立并提升女性的主观幸福感、对他人的信任以及财富分配公平感。

作者
2020 年 3 月

目　录

第一章　导论 1
第一节　研究意义 1
第二节　文献梳理 3
　　一、关于教育及性别不平等的研究 3
　　二、关于教育对性别差异物质层面影响的研究 6
　　三、关于教育对性别差异精神层面影响的研究 9
　　四、对现有研究的评价 15

第二章　总体框架 17
第一节　研究思路及研究内容 17
　　一、研究思路及研究框架 17
　　二、研究内容及章节设置 20
　　三、理论依据 22
第二节　研究假设及研究方法 25
　　一、研究假设 25
　　二、研究方法 26

第三章　教育概况和教育认知的性别差异 39
第一节　总体受教育状况 39
　　一、总体受教育状况 39
　　二、总体受教育状况的性别差异 40
　　三、总体受教育状况的城乡分布 41
第二节　教育认知的性别差异 41
　　一、教育有用性认知的性别差异 42
　　二、自身教育满意度评价的性别差异 43
　　三、教育与人生发展关系评价的性别差异 44

四、学历高或嫁得好态度选择的性别差异 ………………………… 45
　　第三节　结论 ……………………………………………………………… 46

第四章　教育成就的性别差异　47
　　第一节　研究假设 ………………………………………………………… 47
　　第二节　数据分析及结果 ………………………………………………… 49
　　　一、变量的描述性分析 ………………………………………………… 49
　　　二、数据分析结果 ……………………………………………………… 49
　　第三节　结论和讨论 ……………………………………………………… 53

第五章　教育回报率的性别差异　54
　　第一节　研究假设 ………………………………………………………… 54
　　第二节　明瑟方程模型 …………………………………………………… 55
　　第三节　数据分析及结果 ………………………………………………… 56
　　　一、各自变量两性差异的均值分析 …………………………………… 56
　　　二、各因素对教育回报率性别差异的 OLS 回归分析 ……………… 57
　　　三、不同家庭背景下教育回报率的性别差异 ………………………… 61
　　第四节　结论 ……………………………………………………………… 62

第六章　教育对就业影响的性别差异　64
　　第一节　研究假设 ………………………………………………………… 64
　　第二节　模型建立 ………………………………………………………… 65
　　第三节　数据分析及结果 ………………………………………………… 66
　　　一、相关变量的描述性分析 …………………………………………… 66
　　　二、教育对是否参与工作影响的性别差异分析 ……………………… 69
　　　三、教育对职业地位影响的性别差异分析 …………………………… 71
　　　四、教育对工作性质影响的性别差异分析 …………………………… 72
　　　五、教育对单位性质影响的性别差异分析 …………………………… 74
　　第四节　结论和讨论 ……………………………………………………… 76

第七章　教育对幸福感影响的性别差异　78
　　第一节　研究假设 ………………………………………………………… 78
　　　一、人口学因素 ………………………………………………………… 78

二、社会经济地位因素 ·· 79
　　三、社会关系因素 ·· 81
　　四、社会公平正义因素 ·· 82
　　五、教育与以上因素的关系 ·· 82
　第二节　数据分析及结果 ·· 83
　　一、各变量间的关系分析 ··· 83
　　二、全样本结构方程模型 ··· 86
　　三、女性样本结构方程模型 ·· 88
　　四、男性样本结构方程模型 ·· 90
　第三节　结论 ··· 91

第八章　教育对社会信任影响的性别差异 ······························ 94
　第一节　研究假设 ··· 94
　第二节　数据分析及结果 ·· 95
　　一、分析策略 ·· 95
　　二、社会信任性别差异描述性分析 ··································· 95
　　三、教育对社会信任影响的性别差异分析 ························· 98
　第三节　结论 ·· 107

第九章　教育对财富分配公平感影响的性别差异 ····················· 110
　第一节　研究假设 ·· 110
　　一、分配公平理论下的结果公平和程序公平 ···················· 110
　　二、教育对收入和财富分配公平感的三种解读 ················· 111
　第二节　数据分析及结果 ··· 114
　　一、分析路径 ··· 114
　　二、描述性分析 ·· 114
　　三、教育与财富分配公平感的全样本结构方程模型 ··········· 118
　　四、教育与财富分配公平感的分样本结构方程模型 ··········· 122
　第三节　结论 ·· 124

第十章　结论与讨论 ·· 127
　第一节　教育性别差异的基本分析 ····································· 127
　　一、教育概况和教育观念的性别差异结论 ························ 127

二、教育成就的性别差异 ………………………………………… 129
　第二节　教育在物质层面对性别差异的影响 ……………………… 129
　　一、教育回报率的性别差异 ……………………………………… 130
　　二、教育对就业影响的性别差异 ………………………………… 131
　第三节　教育在精神层面对性别差异的影响 ……………………… 132
　　一、教育对主观幸福感影响的性别差异 ………………………… 132
　　二、教育对社会信任影响的性别差异 …………………………… 133
　　三、教育对财富分配公平感影响的性别差异 …………………… 134
　第四节　讨论 ………………………………………………………… 136

附录　问卷中与研究相关的问题 …………………………………… 138

参考文献 ……………………………………………………………… 144

后记 …………………………………………………………………… 163

第一章 导 论

本章主要阐述了研究的意义、现有研究成果以及已有研究的不足，并在此基础上引出本研究的主要内容。

第一节 研究意义

性别平等一直是社会学领域关注的重点话题，两性的受教育机会平等、收入平等以及职业的同工同酬都和女性社会地位的提升密切相关。2012年世界发展报告明确提出要把两性平等作为今后发展的核心目标。探其根本，性别不平等很大程度源于教育机会的不平等。

教育程度的提高不仅能提高女性的社会经济地位，还能促进女性社会角色的独立。受教育程度较高的女性在抚养后代、教育子女方面也比低学历女性更有成效(Schultz, 1989)。可以说，女性教育水平的提升关乎着整个下一代的健康水平和家庭教育的质量问题(Song & Appleton, 2006)。此外，教育还能启发女性的自我意识，让她们认知到社会存在的性别不平等，从而为争取自身权益抗争(Emily, 1995)。因此，提升女性的受教育水平是弥合教育性别差异的重要方式。过去四五十年间，教育的性别不平等现象在世界范围内得到了普遍改善，其中尤以发展中国家女性的教育水平提升速度最快。尽管如此，女性的受教育程度与男性相比还具有一定差距(Wail et al., 2015)。不得不承认，发展中国家减小教育性别差距的努力虽然卓有成效，但性别不平等现象仍高于发达国家。在这种情况下分析教育对性别差异影响的作用机制具有极其重要的意义。

首先，本研究关注的是性别平等这个当今世界热门话题。

女性在社会发展和人类传承中肩负着重要的使命，社会地位却没有相应提高。女性的权利一直处于被忽视状态。无论是在社会资源分配上还是社会地位上女性都站在男性后面，处于男性的从属地位。即便当今世界很多国家都在提倡性别平等，但长久以来的文化传承深深地影响着人们的性别观念，女性即便

第一章　导　　论

取得了物质层面的独立，精神层面因为家庭纽带的关系还存在对男性深深的依赖。男权社会的主流价值观逐渐固化了女性对自身性别角色的认知和对男性附庸关系的肯定。从宏观层面看，地区经济的发展提高了女性的社会地位，使其开始参与到男权社会的社会资源分配中来。从微观层面看，家庭经济仍然是制约女性成长和发展的重要因素。教育作为国家可以从宏观层面调控的政策因素，在使女性积累知识获得智慧并学会思考成为独立的人方面发挥着极其重要的作用，也是女性唯一可以跳出家庭限制独立决定自己命运的机会。因此，综合探讨教育对性别差异的作用机制以及对女性地位提升的影响将成为如何运用教育解放女性的重要依据。

其次，本研究综合探讨教育在物质层面对性别差异的影响机制。

目前关于性别平等的研究大多着眼于女性物质层面的改善，如女性的教育平等、收入平等、职业平等方面。女性的教育、收入和职业并不是相互独立的三部分，而是环环相扣、步步推进的关系。先前研究由于论文体量的关系，都是独立研究，很少把三个因素综合在一个框架下进行逻辑梳理和分析。受教育程度决定了女性的职业地位，虽然同等学历下，女性总体就业情况要比男性低一个档次，收入也少得多。为了获得和男性平等的竞争机会，很多女性选择通过接受更高层次的教育来弥补自身的性别劣势，从而教育、职业、收入就陷入了一个循环。不过值得庆幸的是，在面临性别歧视和遭遇不平等对待时，女性还可以通过教育来寻求解决之道。本研究通过对教育、职业、收入三位一体，逐步深入地分析，综合考察教育在物质层面对性别差异的作用机制，为教育进一步提升女性社会经济地位方面可以发挥的作用提供借鉴和参考。

再次，本研究首次把教育引入精神层面的性别差异分析。

教育在女性精神和心理层面的作用研究很少有人涉及，尤其是与人类发展和社会秩序和谐运转密切相关的主观幸福感、社会信任以及财富分配公平感方面的研究更是少之又少。有学者（Kane，1995）研究发现女性在精神方面存在着对男性伴侣强烈的情感依赖，致使她们无法实现思维和意识的最终独立，但是教育在塑造女性性别意识方面发挥着重要作用。教育会让女性主动地去了解性别不平等现象，并明确意识到自身在男权社会所处的从属地位。教育带来的女性社会经济地位的独立也会为她们提供更多社会资源去改变这一不平等现象。因为精神层面的改变不像物质层面那么便于衡量而且难以捕捉，因此这方面的相关研究较少。本研究把教育引入对女性精神层面作用机制的分析无疑开创了这方面研究的先例。

总之，本研究紧扣当今世界性别平等的热点问题，在教育机会性别不平等的基础上，从物质层面和精神层面两个维度综合分析教育对性别不平等的作用机制，从而为通过教育提升女性社会地位和社会性别角色独立方面的努力提供借鉴和参考作用。

第二节 文献梳理

本节的文献梳理主要从以下三个方面进行。首先对教育及教育功能作以简单梳理；其次对目前国内外关于性别不平等和教育公平的研究加以概括；再次理清教育对性别不平等物质层面的影响；最后探索教育在精神层面造成的性别差异。

一、关于教育及性别不平等的研究

影响性别不平等的因素有很多，但教育的两性公平对女性受教育情况的改善起着决定性作用。

(一) 教育公平

教育作为社会的一个子系统而存在，教育的性别公平也就成为了社会公平最重要的组成部分，并被视为实现社会公平的基础和前提(张兴，2003；褚宏启，2006；熊春文，2007；石中英，2008)。

1. 教育公平的内涵

张兴认为教育公平可以分为教育权利平等和教育机会均等两类。教育权利平等指每个公民享有同等的受教育权利。教育机会均等包括两方面的内涵，一是能力相同的公民，无论性别、年龄、种族、地域都享有同等的接受教育的机会；二是指在社会分层体系下，社会各阶层成员无论出身如何均享有相同的受教育机会(张兴，2003)。论及教育公平，大多要涉及社会教育资源的分配问题(张兴，2003)。正是因为社会教育资源稀缺无法满足所有人的需求，才存在教育公平问题的讨论。根据教育资源的分配方式，教育公平又分为教育系统外部公平和内部公平。教育系统外部公平，主要指外部教育资源和权利分配的公平，几乎涉及整个教育领域。外部公平的判定维度主要有性别、民族、家庭、阶层、公民身份、经济条件等。教育系统内部公平的判定依据主要是个人能力、兴趣与需求(苏君阳，2011)。石中英也提出教育公平主要是指人人享有平等的受教育权利、获取公共教育资源的权利。在此原则上，公共教育资源应该向社会弱势群体倾斜，进而反对各种教育特权(石中英，2008)。

瑞典教育家胡森将教育机会均等划分为起点均等、过程均等、结果均等三个阶段。这一划分方式得到了国内外学者的普遍认可。但无论是研究的学者还是政策实施的政府都发现要试图达到结果均等的教育目的几乎是不可能的(尚靖君、王小溪,2012)。因此关于教育机会均等的研究大都把教育机会均等界定为教育起点公平和教育过程公平(褚宏启,2006)。英国在尝试把教育公平的研究重心从起点公平转移到结果公平失败后,也逐渐把追求同质化的教育平等目标转向了"有差异的平等"(倪小敏,2012)。

2. 教育不公平的作用机制及缓解措施

一般认为教育不公平的发生机制主要是教育的文化选择功能和教育的文化再生产功能。学校在传递专业知识和职业技能时已经对受众学生进行了筛选,这本身就代表着一种特殊的身份文化。教育的文化再生产功能则是对先前社会阶层的复制和再造,这一点在加入了家庭的阶层背景因素后效果尤其突出(尚靖君、王小溪,2012;韦谢、杨治,2015)。刘精明对这一问题进行了更精准的描述,他认为教育选择是教育场域中各种力量之间的博弈,博弈的结果只不过是造成教育不平等社会结构的再生产而已(刘精明,2004)。

虽然教育的选择机制和文化再生产机制加大了教育资源分配的不公平,不可否认的是由于接受高等教育带来的社会流动机会也给很多弱势群体的子女提供了向上流动的希望(张小莉,2015)。一项国际性学生学业成绩比较研究表明,一些国家和地区通过合理配置学校教育系统有效地缩小了由于先赋性因素造成的教育机会不平等(褚宏启,2006)。关于中国居民教育资源分配与供给的实证研究也在一定程度上证明了教育扩张、生育率下降以及家庭规模的缩小对教育不平等有一定的缓和作用(韦谢、杨治,2015)。耶鲁大学的 Breen(2010)认为随着现代化和工业化的发展,教育不平等程度必然下降。Treiman(1970)对这一言论也颇为认为,他的研究指出越是发达的工业社会,教育对职业的影响越大;但工业化程度越高,父母的社会经济地位对子女教育机会获得的影响也越小。

3. 教育的性别差异

关于女性教育公平的研究国外开始的比较早,研究的视野也较为开阔。国外的研究大致得出两大方面的成果。一是认为经济发展水平决定着性别的不平等程度。在过去的 60 年间,随着经济的复苏和快速发展,受教育程度的性别差异有了很大改善。但跨国比较发现,国家的经济发展程度决定着教育性别差异的严峻程度,发展中国家受教育水平的不平等程度要远远超过发达国家(Song & Appleton,2006)。另外一方面,研究发现虽然随着经济发展,人们的整体受教育水平有了提高,并且尽管女性从小在学业上的表现就比男性好,但这并未为女性赢得更多的接受高层次教育的机会(Mickelson，1989；Perkins et al.，2004)。总的来说，对于女性受教育的性别歧视仍然存在。

国内关于教育性别差异的研究主要从造成社会不平等的制度和文化背景入手。虽然国内研究也发现随着家庭规模缩小、性别平等观念广泛传播以及地区经济的发展，女性整体的教育水平有了很大提升(牛建林、齐亚强，2010)。但在传统父权制文化制度的观念下，女性只是被视为男性的附庸。这就直接导致了在分配社会资源时，男性占据着有利机会，女性则落在后面(叶文振，2007；佟新，2008；吴愈晓，2012)。即便女性的社会经济地位得到了提升，也依然被当做男性的附属物来看待，"养儿防老""女子无才便是德"观念支配下的社会角色中，女性只是起着照顾家庭和辅助男性的作用(吴愈晓，2012)。长期的性别不平等观念不仅固化了女性在男性心目中的从属地位，也使很多女性在受到这种观念的侵蚀后逐渐接受了两性地位差别的合理性，失去了争取自身平等的意识和动力(吕红平，2010；吴愈晓，2012)。

(二) 性别不平等

许多关于不平等的经验研究多采用经济角度进行分析，这就导致研究中多维分析视角的缺乏。2006年世界银行发展报告，第一次跳出收入分配不平等的视角，强调人们在其他机会获得方面的不平等，例如教育机会的不平等(Benaabdelaali, Hanchane and Kamal, 2015)。

国外对于性别不平等的关注较多，研究大多聚焦在两性在教育程度、就业和收入上的差距(Hossain & Tisdell，2005)。虽然女性大多从事着不需要太多技能的工作，但也应看到女性在高技术领域和企事业单位决策层人数的逐渐增多，与此伴随着两性工资差距的缩小。尽管如此，却并没有达到两性平等理想中的同工同酬状态，女性的工资水平还是和男性保持着一定的差距。教育无疑能够提高女性在职场中的地位和收入，并带来女性社会经济地位的提高(Hossain & Tisdell，2005)。

除此之外，也有关注女性意识层面的研究。威斯康星大学的凯恩(Kane，1995)就认为教育在塑造女性性别意识方面发挥着重要作用。教育会让女性主动地去了解性别不平等现象，并明确意识到自身在男权社会所处的从属地位。教育带来的女性社会经济地位的独立也会为她们提供更多社会资源去改变这一不平等现象。造成女性从属地位根源的研究也发现(Kane，1998)，对男性的依赖和与男性共同组成家庭后两性的亲密互动都致使女性像男性一样接受现实的性别不平等。

二、关于教育对性别差异物质层面影响的研究

教育在物质层面对性别不平等的影响主要表现在收入、职业、养老保障福利等方面。

(一) 教育回报率的性别差异

有学者认为,近年来中国收入差距日益严重很大一部分原因源于教育回报率的日益拉大(许涛,2013)。两性收入差距拉大也可归结为教育回报率的性别差异。目前关于教育回报率的研究主要集中在以下几个方面。

1. 教育与收入的关系

关于教育和收入的关系,马克·布劳格(Mark Blaug)有着经典的解读。他认为之所以较多的教育能够带来较高的收入,原因有三种:一是经济(economic)因素——教育程度高的人更容易得到那些专业技术性很强的工作,这种工作往往由于人才短缺而薪资较高;二是社会(sociological)因素——能够长时间呆在学校接受教育的大都是家庭背景比较优越的人,抑或是受主流价值观影响较深的人,受的教育越多,越能适应统治阶级对人才的要求;三是心理(psychological)因素——在学习上较为突出能够获得较高学历的人或许本身能力就较强,而能力强的人自然能够获得比能力弱的人更高的收入。虽然后来布劳格的解读受到一些经济学家的质疑,但丝毫不影响其在解释教育与收入关系上的经典地位。国内学者对我国的教育回报率也做了相关的实证研究,结果发现,中国的教育回报率存在着边际效应递增的现象,受教育程度越高的人的教育年限每增加一年所获得的收益远远大于受教育程度低者。此外,教育回报率与收入存在着极强的"马太效应",收入高的人每增加一年教育所带来的收入增加呈指数增长(许涛,2013)。相比较于未接受过高等教育的人来说,上过大学的人的教育回报率有显著提高(姚先国、方昕、张海峰,2013)。

2. 女性的教育回报率

虽然女性在职场上经常面临隐形的性别歧视,但研究发现女性拥有比男性更高的教育回报率(袁晓燕,2012;姚轮轮、张莉琴,2013)。但另一项研究认为虽然男性和女性在工资收入方面存在显著差异,但教育回报率的差异并不显著。说明男女两性间收入的性别差异并不是由教育引起的(张兴祥、林迪珊,2014)。吴愈晓和吴晓刚的研究则进一步解释道影响男女收入差异的主要决定因素是职业的性别隔离(吴愈晓、吴晓刚,2009)。

虽然高学历更容易获得高收入,但是人们也发现,即便女性获得了高学历,也比同等学历的男性收入低,这大多被归结为两性社会地位的不平等和对

女性的性别歧视。其他学者经过长期的观察和研究发现对两性收入差别的解释并不仅仅是性别歧视那么简单。总的来说，造成女性教育收入低于男性的原因主要有两个(吴愈晓、吴晓刚，2009)：一种是从人力资本的角度去衡量，认为女性在受教育程度、经验等方面投入比男性少，因而相应的收入比男性低；另一种从结构型因素出发，着眼于职业的性别隔离，认为之所以两性之间存在较大的收入差距是因为在劳动力市场上存在着一种隐性的性别歧视。这种性别歧视是职业间收入差距拉大的结果，也是造成两性教育回报率不同的重要原因。

国内学者对教育回报率的性别差异也做了详细的分析和研究。但由于测算教育回报率的指标对数据和模型的要求都比较高，采用不同数据的学者往往得出完全不同的结论。即便学者采用了相同的数据，也可能因为在样本规模、核心变量的确定以及方法模型使用方面的差别而造成研究结果的巨大差异(吴愈晓、吴晓刚，2009)。在此基础上，本研究仅梳理已得到普遍共识的研究结果。

教育回报率的两性差异研究基本都得出了女性的回报率小于男性这样一个结论，其中隐含的假设前提是——女性拥有和男性同等的教育水平。关于这一研究又分为两种类型，一种是采用某一年的调查数据所做的截面数据的差异研究，另一种则是采用前后两个不同年份纵贯数据所做的教育回报率性别差异的趋势分析。根据某一截面数据所做的教育回报率差别研究显示，单从行业来看，女性的教育回报率高于男性。对于这个结论又出现了两个分歧，一种认为无论哪个年龄段、哪个学历层次的女性教育回报率均高于男性(葛玉好，2007)；另一种研究则发现在低收入群体中，女性的教育回报率高于男性，在高收入群体中，则完全相反，男性在收入上更占优势(高梦滔、张颖，2007)。张兴祥、林迪珊(2014)以农民工等低收入群体为研究对象，对他们的教育回报率做了分析后也印证了女性的教育回报率低于男性的结论，虽然两性教育回报率的差异并不存在统计意义上的显著性。高收入群体中女性的教育回报率与男性教育回报率的显著差异更多地归结于性别歧视，即随着学历的增高，女性的教育回报率无论是相比自己以前还是相比同学历的男性都在增加，但同时在工作中遭受性别歧视的机会也在相应增加，而且性别歧视的增长幅度大于教育回报率的增长幅度(袁晓燕，2007)。汤瑶和龙文锦(音译，Yao Tang & Wenjin Long，2013)采用2002年和2007年两个年份的中国家庭收入调查项目(China Household Income Project，CHIP)截面数据所做的对比分析发现，随着我国市场经济的进一步发展和完善，2007年的总体教育回报率相比2002年有所降低，其中男性的教育回报率变化不大，女性的教育回报率有了大幅度下降。对于高收入群体，女性教育回报率下降的趋势更加明显。

3. 影响教育回报率的其他因素

教育回报率的性别差异本身受到诸多因素影响。宏观层面上，不仅市场经济发展程度能够导致回报率的性别差异，所处的东中西部地区和城乡地域也能引起教育回报率的性别不同。微观层面的家庭背景、单位性质以及职业选择更是教育回报率性别差异的直接原因。先前的研究大都考察影响教育回报率的单个因素，极少有纳入诸多因素进行综合分析。由于本研究立足于武汉地区，地域特征较为明显，因此只从微观层面对教育回报率的两性差异进行研究。

(1) 国家高校扩招政策对教育回报率的影响

关于这个问题，有两种截然不同的研究结果。姚先国等人认为高校扩招虽然削弱了教育回报率和高等教育相对回报率的上涨幅度，但并未改变其总体稳中有升的趋势。高等教育的回报率仍然明显高于非高等教育的回报率(姚先国、方昕、张海峰，2013)。然而这一结论并未得到其他学者的支持。沈健在分析了20世纪80年代、90年代、21世纪三个时期的教育回报率后发现，随着时间推移和经济的繁荣发展，高等教育回报率的确是在不断提高，但如果考虑到大学生毕业后失业人数及比例，新世纪大学生的"价值"实际上呈现"明升暗降"和快速"贬值"的状况(沈健、胡娟，2012)。陈纯槿的研究也发现，高校扩张政策对高等教育投资回报率有一定的负向作用。许多大学毕业生初入劳动力市场时无论就业机会还是收入上都比扩招前同龄群体要少。扩招后农村教育回报率与城镇相比较低，且高等教育扩张对农村地区的影响较小(陈纯槿，2012)。

(2) 地域因素对教育回报率的影响

这里的地域因素主要是指城市级别和城乡区隔。在不同级别的城市中，教育的回报率也有较大差异。教育回报率一般在直辖市最高，其次是省会城市。在直辖市中，"大专及以上"学历水平的教育回报率最高，省会城市中则是"高级中等教育"的教育回报率最高(杜两省、彭竞，2010)。教育回报率在城乡之间的差异更为明显。城市劳动者只有接受高中及以上教育时才能明显提高其工资水平，外来务工人员要达到同样的收入水平则必须拥有大专及以上学历(王文静、刘彤、陈漫雪，2015)。总体来看，城市人口中等、高等教育的回报率都比农村人口高。城乡之间教育回报率的差异从中等教育阶段就已拉开，并持续累积下去(张兴祥，2012)。

研究发现外来务工人员的教育回报率并不呈线性增长而是呈指数增长，教育层次每提高一级，教育回报率就会大大增加(张兴祥、林迪珊，2014)。其中,工作期间职业培训对外来务工人员的教育回报率提高有着显著作用(马岩、杨军等,2012)。而对农村居民来说,他们的平均教育回报率是呈现递增趋势的,从事非农业工作的农村居民教育回报率高于从事农业工作的农民,但二者的差距在不断缩小(姚轮轮,张莉琴,2013)。

(3)家庭背景对教育回报率的影响

虽然教育回报率跟个人受教育水平密切相关,也仍摆脱不了家庭背景对它的影响。虽然大学扩招增加了劣势阶层子女接受高等教育的机会,但同时"毕业即失业"现象大多也由劣势家庭背景子女来承担(孙志军,2013)。在转型期中国,由于劳动力市场不完善,优势阶层子女的教育回报率明显高于劣势阶层家庭子女(祁翔、周金燕,2015)。

(二)教育与就业性别差异

随着高等教育扩招,部分大学生就业呈现一种毕业即失业,工作质量低,学生满意度更低的现状。教育与就业的关系由以前包分配时期的确定性关系变为现在的不确定性关系(叶忠,2009)。目前,关于教育与就业的研究主要聚焦在高校如何促进学生就业率、就业质量的提升等相关内容上(林曾,2015;刘献君,2014;柯羽,2010;潘懋元、吴玫,2010)。教育作为一种自致性因素如何影响个人的就业水平进而提升其生活质量方面似乎已经成为一种定论不需再加以讨论。少数相关研究涉及教育对女性就业的影响。

有研究发现女性在学校的学业表现普遍比男性好,但是总体来看,女性的入学机会少于男性,在优质教育资源面前这个劣势更加突出。最后在就业时,女性就业存在着落实率低、起薪低、工作满意度低的"三低"状况(岳昌君,2010)。另一项考察了年轻女性二十年就业变迁状况的研究也显示,教育水平的提高给女性提供了更多的职业发展机会,女性的职业结构也得到了改良和优化。但同时也有更多的女性主动退出劳动力市场成为专职家庭主妇(李若建,2010;吴愈晓,2010)。

三、关于教育对性别差异精神层面影响的研究

教育在精神层面对性别差异造成的影响研究主要从财富分配公平感、社会信任、幸福感等三个方面进行梳理。

(一)教育与幸福感

卢梭一直提倡把提升人们的主观幸福感作为教育的核心目标(Tal,2012)。他认为教育在发展人力资本的过程中,如果不教会人们控制自己的欲望,就根本不会对人们幸福感的提升起到任何作用。布里格豪斯(Brighouse)也认为国

家的教育政策应该以培养人们过上幸福的生活为目标(Bryan,2009),而不是培养人们谋生的手段,试图通过社会经济地位的提高来提升人们的幸福感。毕竟众多研究显示当收入和财富增长达到一定程度以后,人们的幸福感就会停滞不前(Bryan,2009)。

对主观幸福感的研究始于20世纪60年代,历经近半个世纪的发展,主观幸福感由早期的侧重调查比较不同群体的幸福感差异发展到近期的测量幸福感再到现代的应用幸福感,实现了从理论向社会应用的跨越(苗元江,2011)。随着经济发展和物质水平的提高,人们已经不满足于单一的物质需求,开始转向更高的精神层面和心理层面的需求(郭永玉、李静,2009)。国民幸福感的提升不仅能够缓和社会矛盾,促进和谐社会的建设,从实证角度来看,幸福感的提升还明显提高了劳动就业率,对失业人员的再就业也有极大的促进作用(李树、陈刚,2015)。

早先关于教育与主观幸福感的研究,学者们的观点莫衷一是。威特(Witter et al.,1984)等人在大量文献研究的基础上发现受教育水平只能解释1%~3%的幸福感差异。无论是梅尔(Myers)还是迪纳(Diener)关于幸福感的研究中都没有把教育作为主要变量纳入方程(Alex,2008)。莱亚德(Layard,2005)对这一现象进行了更深入的剖析,认为尽管教育可以通过增加收入来提升人们的幸福感,但是教育本身对幸福感的获得并不具有显著性作用。研究中采用受教育水平变量测度的只是教育对幸福感获得的直接作用,但是教育对人们幸福感的影响更多地通过间接效应发挥作用,这时所涉及的教育则是广义上的教育(Alex,2008)。克罗克(Crocker,2002)认为当代社会人们的幸福感不仅仅来源于传统人力资本,一个人掌握的知识和拥有的思维方式也极大地决定了他是否拥有较高的幸福感。而教育是个人获得知识并学会思考的最基本方式。

近年来关于幸福感的研究发现教育在发达国家和发展中国家发挥的效应并不相同。从微观层面看,受教育年限与幸福感的关系在经济比较落后的国家表现为强相关性,在富裕国家则表现为弱相关性或者是反向相关,受教育程度越高的人,幸福感反而越低(Ruut,2015)。宏观的幸福感研究发现整体受教育水平较高的国家人们的幸福感也更高,这说明教育对幸福感的影响更多地是通过间接因素而非直接因素发挥作用。也有学者认为教育和主观幸福感的关系取决于对教育和主观幸福感的操作化界定。如果把教育等同于受教育程度,划分为小学、中学和大学学历,则会发现教育对幸福感的影响微乎其微(Alex,2008)。如果把教育等同于人们不断学习知识和社会化的过程,教育则对人们幸福感的影响具有不可替代的作用。人们常用一些客观物质指标来衡量生活质量和幸福感，这些指标包括社会状况、经济状况和文化环境状况等。人们对这些情况的感知取决于该物质因素是如何作用于人的思维意识，并如何被人们看待，最终又会导致人类怎样的行为，同时人们的感知、思索、行为反过来又会作用于人们的生活状况。而人们对相同事物的不同感知、思考和行动都跟所接受的广义上的教育密切相关（Alex，2008）。世界价值观研究针对70个国家10万余人的调查结果显示，无论国家类型、经济发展程度、地理位置如何，受教育程度都是决定人们主观幸福感的三大主要因素之一（Christian，2013）。

关于主观幸福感的研究，学者们的关注点主要在于收入和幸福感的关系上（邢占军，2011；张学志、才国伟，2011；刘军强、熊谋林、苏阳，2012）。人们普遍认为，随着社会经济增长和收入的增加，人们的主观幸福感也随之增加，但这一论断也遭到了一些质疑。还有一些学者发现，当一些国家变得富有时，国民的主观幸福感并没有随之上升。中国也存在着国民幸福感并未随着经济的快速发展而上升的现象，这一现象称为"East-eriln 悖论"（又称为"幸福悖论"）（何立新、潘春阳，2011；刘军强、熊谋林、苏阳，2012）。

主观幸福感虽然是人们内在的主观心理感受，但它也受到外界环境的极大影响和制约。有研究发现，微观层面的个人幸福感与城市规模呈U形结构。当城市人口规模为300万时，个人的主观幸福感最低（孙三百、黄薇等，2014）。在中小城市和特大城市生活的人们幸福感相对较高。

在控制了这些外在影响因素以后，作为自致性因素的教育对个体主观幸福感的影响研究也得出了不同的结论。何立新、潘春阳的研究就发现受教育年限本身并不会对幸福感产生显著影响，提高教育水平只是能够给人们带来更多提升幸福感的机会（何立新、潘春阳，2011）。对武汉市居民个人主观幸福感有直接重要影响的美满的家庭、健康的心态、满意的工作以及生活在一个良好的社会环境等因素都是与受教育程度密不可分的（郭永玉、李静，2009）。但这一研究结论并没有得到其他研究的支持。黄嘉文在把教育作为影响个人主观幸福感主要因素的研究中，把收入水平作为中介变量引入模型，并将教育程度对个体的影响分解为直接效应和间接效应。结果他发现教育程度显著地影响着城市居民的主观幸福感，其中中专、高中以及大学以上学历群体是最幸福的。再加入收入变量以后发现，教育回报对城市居民的主观幸福感之间依然是显著的正向关系。只是这一关系随着高等教育扩招而变得不再显著（黄嘉文，2015）。

（二）教育与社会信任

1. 国外研究综述

世界银行的报告（2002）显示高等教育可以通过增进人们之间的信任程度

增强集体凝聚力进而大大提升国家实力。经过几十年的发展,教育能够改进社会信任水平的观念已经得到了普遍认可(Huang et al., 2011)。

大量有关社会信任的研究证明,塑造个人价值观有两种基本而又重要的方式,个人先前的成长经历和文化与社会结构(Hardin1996; Sztompka, 1999; Rothstein & tolle, 2002; Knight, 2003; Paxton, 2007)。个人对他人产生信任就依赖于二者对个人判断的影响。个人层面的社会信任取决于个人成长过程中与社会和周围人的关系,这会影响他对陌生人的看法与评价(Brehm & Rahn, 1997; offe, 1999; Hardin, 1996; Alesina & La Ferrara, 2000, 2002; Uslaner, 2002; Paxton, 2007)。出生在社会底层的人,因为从小就接触到社会黑暗的一面,致使长大后对陌生人的信任程度较低(Paxton, 2007)。与此相反,在优越环境中成长起来的人则更倾向于相信大多数人都是善良可信的(Brehm & Rahn, 1997; Uslaner, 2002)。另外,社会化活动是人们获取信息的重要资源(Granovetter, 1973)。建立和保持良好的社会关系能够促使人们在面对不确定社会环境时快速地获取信息评估风险。生命历程中与他人交往获取信息的社会经历也会影响到个体对陌生人的信任(Boyle & Bonacich, 1970; Hardin, 1996)。

宏观层面对社会信任产生影响的文化与社会结构主要是指社会规范、惯例以及正式的社会制度(Huang et al., 2011)。其中,社会规范和惯例作为无形的约束制约着人们的行为,人们迫于社会压力遵从着社会道德规范(Yamagishi & Yamagishi, 1994; Buskens, 2002; Knight, 2003)。一旦整个社会形成一种普适的价值观,人们相互之间的一般信任程度也会大大提升。

教育对社会信任产生作用的机制一般是通过以下两种方式进行。一是微观层面,个人人生经历、家庭背景的不同导致所受教育的差异;二是宏观层面文化和社会结构的差别造成教育结果的异质性(Huang et al., 2011)。学校的社会化过程,具体通过课程教授的内容和方式、校园文化、学习资源的公平分配等使学生习得整个社会的核心价值观(Olena, 2005; Heyneman, 2002),并使学生对未来的生活预期持充满乐观(Bjornskov, 2007)。另外,普遍较高的受教育水平能够在整个社会营造一种高度的社会信任氛围,这种氛围的形成反过来又会加强高学历者对他人的信任程度(Helliwell & Putnam, 1999)。经验研究结果发现,受教育年限每增加一年,个人的社会信任相应地增加 4.6%(Huang et al., 2009)。

2. 国内研究综述

处于转型期的中国出现了普遍社会信任缺失的状况,基于全国大样本分层抽样和深度访谈的调查结果显示，中国社会的信任水平普遍偏低，更甚者对未来社会信任的预期也比较悲观（朱虹，2011）。社会信任的缺失直接影响了社会稳定，增加了国家社会治理的难度。作为新制度经济学研究中一项重要的社会资本，较好的社会信任可以降低交易成本，促进社会资源的优化配置并提高经济运行的效率（白锐、罗龙真，2014）。

我国自古以来就是一个信任水平较高的社会，经由"仁义礼智信"的儒家文化积淀下来的传统文化一直左右着人们之间的一般信任水平。建立在血缘关系基础上的熟人社会的信任关系也一直秉承着"差序格局"的规律。到了近代，随着流动人口的增加，熟人社会格局被逐渐打破，并逐渐演变为生人社会，加之现代社会中主体的价值观变得多样，直接导致了社会信任程度的下降（马俊峰、白春阳，2005；卢春龙，2009；张禹青，2012）。

在影响社会信任的因素分析研究中，教育被普遍地纳入到分析框架中来。这教育在其中扮演的角色一般又分为三种情况。

（1）教育作为人口学控制自变量引入分析框架

美国学者的研究结果表明，是教育而不是收入主要影响着美国社会的信任水平。我国学者对中国二十年社会变迁中的社会信任加以分析后，也得出了教育水平是影响社会信任水平重要因素的结论（杨明、孟天广、方然，2011）。这一结论同样得到了其他学者研究成果的支持（李涛、黄纯纯、何兴强、周开国，2008；卢春龙，2009）。另一项基于大学生信任问题的研究也表明受过高等教育的大学生这一特殊群体总体信任水平要高于普通居民信任水平。大学生群体对自身的信任和诚信评价较高，对社会和他人的评价则比较低（赵文龙、王夏峥，2012）。

尽管"受过良好教育的人的社会信任水平更高"这一结论得到一些学者的支持，但还是有一些学者的研究得出了完全相反的结论。在把信任细分为特殊信任、一般信任和普遍信任三种类型后，胡荣和李静雅的研究得出受教育程度对三种信任的影响都不具有统计意义上的显著差异（胡荣、李静雅，2006）。向德平和李红的分析则显示出居民的受教育水平和信任差异的关系呈现一种U形结构，这种U形结构在经济发达地区尤为明显（向德平、李红，2014）。

（2）教育作为影响变量引入分析框架

基于上海数据的户籍、社会分割与信任实证研究发现户籍分割对社会信任有着负面影响。但这种影响不会随着教育水平的提高而减少（陆铭，2009）。对"老三届"知青信任程度的调查显示"老三届"下乡知青对专家学者的不信任程度明显高于其他知青。这一状况并没有随着后来接受高等教育而有所改变

(梁平汉、李佳珈,2014)。

(3)教育作为主变量引入分析框架

黄健和邓燕华通过对比分析中国和英国的全国调查数据试图找出高等教育与社会信任之间的关系。他们认为高等教育通过两种方式影响社会信任程度。一是通过提高个人获得经济成功的可能性来促进社会信任的形成,这也就是所谓的高等教育的"经济效应";二是通过增强个体认同社会价值规范及制度安排以达到促进社会信任形成的目的,这是所谓的"非经济效应"。两国数据的对比分析结果显示,作为转型期的发展中国家,中国的高等教育在提高社会信任方面主要是通过"经济效应"来进行的,"非经济效应"并不发挥什么作用。而作为老牌资本主义发达国家,英国的高等教育则发挥着经济和非经济两种效应,全面地影响着社会信任体系的建立和发展(黄健、邓燕华,2012)。

(三)教育与财富分配公平感

分配公平感,尤其是人们对收入和财富分配的公平感知一直是学者们关注的重点。按照人们对社会发展的经验认知,如果一个社会的收入不平等差距过大必然会引起劣势群体的强烈不满进而导致社会的动荡不安(Heather & Tom,1996)。按照这一理论预设,转型期中国的收入分配差距尤其应该引起重视。中国由计划经济时代的收入和财产平均分配到改革开放时期"允许一部分人先富起来"政策的实施,人们经历了由平均主义大锅饭到财富差距逐渐拉大的转变。无论是基尼系数还是泰尔指数,都显示目前中国的收入差距已经超过了国际警戒线,要时刻提防利益受损群体的不满和由此带来的一系列不稳定因素。

事实上,中国老百姓也意识到了贫富差距的日益扩大和不平等。但社会主流价值观认为当前中国社会的这种不平等是公平的,可以接受的(怀默霆,2009)。甚至越是社会底层居民,越是弱势群体对收入差距的不满程度越低。谢宇(2010)对此作了进一步探索,他认为,民众对不平等的接受是建立在他们对社会竞争规则普遍接受的基础上的——通过自身努力人们有向更高的社会经济地位流动的可能性。加上中国传统文化对收入差距的肯定也增加了普通民众对不平等状况的容忍程度。因此以目前来看,中国收入分配的不平等不太可能引起劣势群体的强烈不满而引发社会动荡(怀默霆,2009;谢宇,2010)。反倒是受教育程度越高的人由于种种原因表达出对收入分配不公平的强烈不满(怀默霆,2009;李骏、吴晓刚,2012;孟天广,2012;李颖辉,2015)。

探索教育对分配公平感影响机制的研究也有一些,普遍接受的解释有社会结构地位论和相对剥夺理论(谢宇,2010;王甫勤,2010),以及在此基础上延伸出来的"局部比较"视角和"期望收入回报"视角(马磊、刘欣,2010;孟天广，2012；谢宇，2010）。分析路径基本也分为以下两种：一种是教育对人们收入和社会地位的提升对财富分配公平感产生的作用（刘精明，2006；王甫勤，2010；薛进军、高晓淳，2011；李骏、吴晓刚，2012）；另一种是教育通过引起人们思维模式和社会感知能力的变化影响人们的财富分配公平感知（怀默霆，2009；李骏、吴晓刚，2012）。在教育对人们收入分配公平感知的影响路径中，高知识阶层人群对政治信任的高低是否也是影响收入分配公平感的路径之一目前还鲜有人进行研究。

四、对现有研究的评价

以上对教育和性别不平等的研究进行了大体梳理。性别不平等是社会不平等的重要组成部分，国内外对性别不平等的研究大多聚焦于教育、职业、收入的性别不平等。教育、职业、收入三者的关系中，教育机会的不平等又决定了职业和收入的性别差异。这些内容在国外的研究中已经十分成熟和完善，但还未引起国内学者的重视。国内只有少数学者进行了教育成就的性别差异研究和教育回报率的性别不平等分析。

首先，教育对性别不平等的物质层面影响研究远没有引起应有的关注。

教育成就的不同决定了两性社会经济地位的不平等。随着我国经济的发展，教育的"脑体倒挂"现象有了很大改善，受教育程度基本上可以决定个体的社会经济地位。更确切地说，教育成就决定了个人的职业阶层和收入地位。受国内外学术界先前以单一经济分析视角为导向的影响，教育成就和教育回报率的研究吸引了一大波学者的关注，但隐藏在这些研究领域下的两性教育成就和教育回报率的性别不平等却极少有人涉及，对于职业地位性别差异的研究则更少。对于女性来说，要想提升自身社会经济地位，启发自身性别意识，教育是最有效的方式。肩负着社会下一代生命传承和抚育质量重任的女性，只有经济独立，社会地位上升，才能为争取自身权益为社会的和谐发展发挥女性应有的重要作用。

其次，教育对性别差异的精神层面影响研究几乎未见涉及。

教育不仅能够为人们带来较高的职业地位，使其在社会角色中发挥重要作用，还能通过知识传授和独立思考能力的培养改变个体的价值观和意识形态以及对社会不公平现象的容忍程度。根据"伊斯特林悖论"，个人的主观幸福感与收入直接相关，收入越高的人主观幸福感也就越高。按照"伊斯特林悖论"的逻辑，女性总体的收入水平低于男性，那么女性的主观幸福感应该低于男性。但是基于亚洲29国的对比研究发现，性别对幸福感的提升具有重要影响，女性的幸福感普遍高于男性(Yasuharu et al., 2010)。针对中国的研究也得出了类似的结论(黄嘉文, 2013; 边燕杰, 2014)。在普遍信任水平较高的熟人社会, 女性的信任水平也比男性高, 但社会信任的性别差距并不具有统计意义上的显著性, 但是教育对女性信任水平的影响并没有得到深入的分析。财富分配公平感是公平感的重要内容。基于中国社会调查的研究结果显示, 受教育程度越高的人对现有的财富分配制度越不满意(怀默霆, 2009; 李骏、吴晓刚, 2012)。由此延伸出受教育程度高的女性是否对现有的财富分配公平也不满意? 教育对女性财富分配公平感的影响到底有多大? 这些问题在现有研究中都找不到答案。但是这些精神层面的问题对女性的心态以及人类的福祉都至关重要。

鉴于此, 本研究试图在性别平等的呼声日益升高, 女性地位逐渐提升的时代背景下, 采用大数据采集技术, 实现教育在物质层面和精神层面对性别差异的影响研究。研究以教育对女性职业地位和收入的影响分析入手, 着重分析教育对女性幸福感、社会信任以及财富分配公平感的作用。

第二章 总体框架

本研究从世界性别平等和女性地位崛起这一大时代背景入手,以教育在性别不平等中作用为核心议题,立足于当前我国传统男权观念仍占据主导地位的社会环境开展深入系统的学术探讨,努力为教育对性别平等的影响研究提供有益的理论支持、政策建议和实证参考。

第一节 研究思路及研究内容

一、研究思路及研究框架

图2.1是教育对性别不平等研究的结构框架图。本研究试图回答两个问题:①教育如何在物质层面影响性别不平等?②教育如何在精神层面影响性别差异?二者之间是物质基础和上层建筑的关系,物质基础决定上层建筑,上层建筑反过来又改进物质基础。正是教育在物质层面造成的性别不平等才导致两性在精神层面的差异。为了使研究主题更为突出,将题目设定为教育对性别差异的影响研究,但在具体分析时,物质层面差异的性别不平等和性别歧视意味

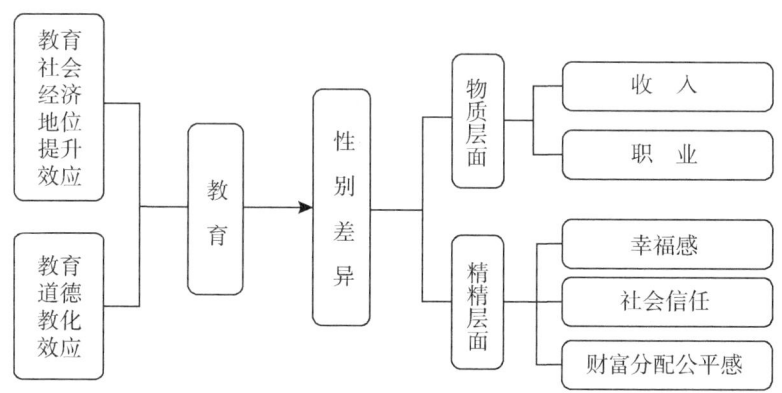

图2.1 教育对性别差异的影响研究框架结构图

更浓一些。

教育发挥作用的机制总的说来可以分为两类，一类是教育能够提升人们的职业地位，带来较高的收入，进而最终提高人们的社会经济地位；一类是教育的道德教化效应。以先秦儒家为主导的社会治理思想认为维护社会有序发展有两个基本向度，只有以管制层面上的法制效率与法治正义为基础，辅之以教化层面上的人格改良与礼乐教养，才能实现社会的长治久安。儒家思想认为教育的道德约束、教育教化、文化历史传承对于社会的和谐发展发挥着更大、更为根本的作用(林桂榛，2015)。

(一)教育在物质层面对性别不平等的影响

教育的社会经济地位效应投射在性别不平等上表现为物质层面对两性收入和职业不平等的影响。

1. 教育回报率的性别不平等

由于我国特殊的国情，教育发展史曾经出现过断裂。处于转型期的中国社会收入和受教育水平并不必然成正比。甚至在全民学历水平普遍偏低，高学历人才稀少的情况下还出现过"脑体倒挂"的现象。在个体收入水平很大程度上由社会地位决定的情况下，人们对教育的态度也发生了巨大改变。在决定是否继续接受下一阶段教育时，人们大都会衡量付出/收入比，也就是教育回报率的大小。不同历史发展时期，不同经济发展水平地区，甚至不同的收入群体和家庭背景下，相同的教育层次所带来的回报率都不尽相同。

女性在社会中处于劣势地位，在人们接受教育的目的越来越功利化的今天，无论是父母还是女性本人对教育的选择都以教育回报率作为重要的参考依据。根据已有研究发现，虽然女性的教育回报率普遍高于男性，但由于女性平均受教育水平比男性低，再加上在求职过程中遭遇到的性别歧视，因此，总体上女性的平均收入水平低于男性。本研究意欲在此基础上具体分析教育、工作经验、收入、家庭背景、职业、单位性质等因素对两性教育回报率影响的作用大小。以及在不同教育层次中两性教育回报率的差异。

2. 教育与职业地位获得的性别差异

职业的性别不平等在国内研究成果较少。吴愈晓(2010)发现，相比于1995年，2002年女性的劳动参与率大幅下降。教育对女性就业的正面效应变小，婚姻和家庭经济状况对女性就业影响力增加。家庭收入高的已婚妇女更有可能退出劳务市场不参加工作。低收入家庭女性则更可能因为生活所迫进入非正式劳动力市场继续就业。本部分对女性就业的研究主要分析留在劳务市场继续就业的那部分群体，试图建立教育对女性职业地位获得的影响作用。

(二) 教育在精神层面对性别差异的影响

教育对性别差异的影响体现在精神层面主要表现为教育对两性幸福感、社会信任、财富分配公平感方面的差异研究。

1. 教育与幸福感的性别差异

相比较教育对社会信任体系构建的丰硕研究成果，国内关于教育对幸福感满意度的影响研究要少得多，视野也较为局限。目前的幸福感研究更多地着眼于收入与幸福感的关系上，各国学者都在探求使居民幸福感达到最高时的收入。这是建立在收入与幸福感具有高度相关性的预设前提下的。学术界公认，幸福感会随着收入的增加而增长，但达到某个临界点后(例如年收入 1.5 万美元)收入与幸福感的关系开始呈现负相关——收入越高的人反而觉得越不幸福。临界点之后的幸福感靠什么来维系和提升也成为学者们探索的新领域。当物质层面的需求得到满足后，就需要精神层面的需求来补充。本部分在此基础上，大胆预设精神层面需求的满足比物质层面需求的满足更能提升人的幸福感(这也符合马斯洛需求层次理论的基本原理)，并探求教育在满足女性精神层面需求方面如何发挥作用。

2. 教育与社会信任的性别差异

一般来说女性比男性更为和善宽容，乐天知命。由此猜想女性群体的普遍社会信任水平要高于男性。本部分在参阅国外相关研究的基础上，了解国内已有研究进度，构建不同视角下教育对社会信任体系的影响。社会信任体系构建是一个复杂的过程，受众多宏微观因素的影响。教育对社会体系构建的影响力大小如何，是通过直接效应还是间接效应对两性的思维产生影响，每种效应的大小如何都是本研究试图去探寻的答案。在已有分析框架和模型的基础上，在广泛阅读文献的前提下，对模型的结构和相关变量进行调整，不断尝试，找出一些隐含的作用机制，并力图对现有研究进行有益的探索和补充。

3. 教育与财富分配公平感的性别差异

教育的效用不仅表现在能够决定人们的社会经济地位水平，更在于它能使人们的知识得到积累并对生活的社会进行独立思考。改革开放四十年来，社会财富得到极大积累，与此相伴随的是贫富差距的日益拉大。众多经济学者对我国的基尼系数进行了分析，发现我国基尼系数已经超过国际警戒线却并未出现预想中的大规模社会动乱，贫富差距的拉大也没有引起底层人民的不满。在此情况下，学者们增加了对财富分配公平感研究的兴趣。况且，财富分配公平和性别公平同属公平感范畴，教育的教化作用是否能影响女对财富分配公平的感知？如若答案是肯定的，教育是通过提升女性的社会经济地位间接影响女性的分配公平感，社会经济地位越高的人越倾向于维护现有的分配体制，还是通过政治信任这种道德教化效应间接映射财富分配的公平感。这些都是本部分将要回答的问题。

二、研究内容及章节设置

图2.2显示本书的主体部分及章节顺序。教育的性别差异是后面各章节研究的基础，教育在物质层面对性别差异的分析又极大影响着教育在性别不平等研究的精神层面研究。这三部分是一个逐步深入的过程。教育在物质层面对性别的影响下面的收入以及职业获得和教育在精神层面对性别的影响下面的幸福感、社会信任、财富分配公平感各自呈相互并行关系。

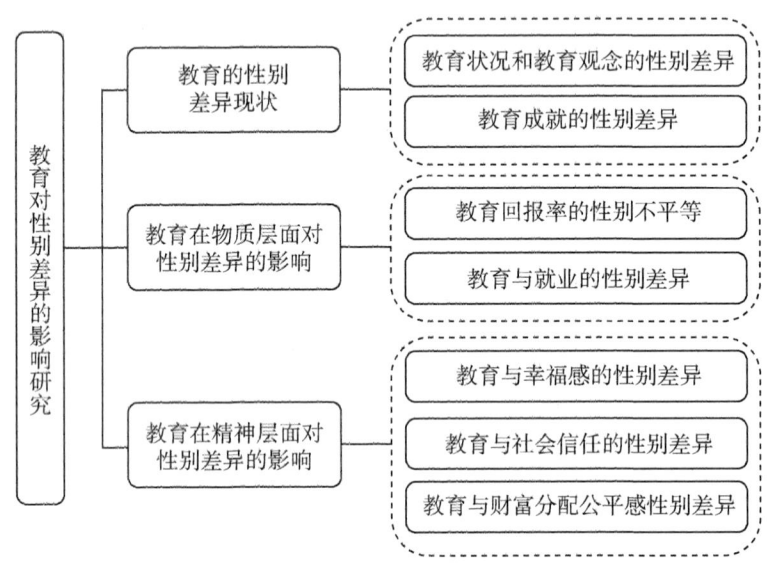

图 2.2　教育对性别差异的影响研究

第三章，教育状况和教育观念的性别差异。本章是全书的基础，是对样本总体受教育状况和教育观念性别差异的描述性分析。受教育状况分析分为总体的学历层次分析，这是对样本学历结构的概览。还有学历结构的性别差异和城乡差异，这也都是研究教育公平的核心内容。教育观念的性别差异分析主要对女性的教育态度和教育观念做详细描述，并具体分析教育是如何影响女性的观念和态度的。

第四章，教育成就的性别差异。本部分主要讨论教育社会学领域的永恒话题——教育公平，只不过选取的是其中的一种形式——性别间的教育公平。本部分主要对武汉市居民受教育情况的性别差异进行描述，并分析女性对自身经济地位独立和家庭生活之间的平衡持一种什么样的态度。在此基础上具体分析影响教育成就性别差异的主要原因，从而为今后改善女性的社会地位奠定基础。本章内容是为后面教育在物质和精神层面对性别差异造成的影响分析做铺垫，是全书主体部分章节的基础。

第五章，教育回报率的性别不平等。教育回报率的研究已经非常成熟了，但关于两性教育回报率的综合因素分析还比较少见。综合已有文献来看，经典的明瑟方程对教育回报率有着强大的解释力，鉴于明瑟方程本身的局限性，本研究在使用的过程中对其进行了扩展。在方程中又纳入了职业、单位性质等体制因素以及以父亲职业和教育程度为代表的家庭背景因素。在具体的分析过程中，不仅对教育年限进行运算，得出教育的平均回报率，还对男、女两性分样本进行教育层次的分析，得出每个教育层级的教育回报率。在综合各个因素的情况下，每个因素对教育回报率的贡献一目了然，在比较两性差异的情况下，再对女性教育回报率进行更深入的分析。

第六章，教育对就业影响的性别分析。虽然已有研究显示，女性是否退出劳动力市场的影响因素已经发生变化，但不可否认不是所有家庭条件较好的女性都会退出劳动力市场。还有相当一部分女性仍然留在工作岗位为自身赢得社会角色的独立和经济地位的提高。教育对就业影响，尤其是对女性职业地位的获得和性别平等的争取有着不可替代的重要作用。本章着重分析教育在女性职业地位的获得中扮演的角色。

第七章，教育对幸福感的性别差异影响。本部分的研究意欲突破收入决定幸福感的研究局限。已有研究大多把关注点放在收入对幸福感影响临界值的找寻或者对幸福悖论的分析上。收入能够增加人们的幸福感这一论断已经被多个国家的实证研究证实。但幸福感并不是随着收入增加持续上升，到达某个临界点后，即便收入持续增加幸福感也会逐渐下降。女性的经济地位比男性低，但女性幸福感指数却比男性高。本书的研究重点在于找出收入之外影响女性人们幸福感的因素，以及教育在其中扮演的角色。同时，在教育与社会信任研究的基础上加入幸福感指数，探寻三者之间的联系。

第八章，教育对社会信任的性别差异影响。本部分主要把教育作为主变量而不是控制变量纳入分析框架中。首先分析影响人们社会信任程度的因素有哪些，再分析这些因素中与教育和女性信任程度密切相关的部分。同样的，本部分把教育的作用路径分为直接影响和间接影响两类。在已有研究文献梳理的基础上，主要分析社会经济地位对人们社会信任的影响作用。并在控制社会经济地位变量的基础上，找出教育的净效应。

第九章，教育、政治信任与财富分配公平感。本部分主要分析教育与财富分配公平感的作用机制。教育本身并不能直接影响人们的财富分配公平感，但教育通过增加人们的收入、对政治信任的感知可以间接地影响人们对财富分配是否公平的判断。在性别平等呼声日渐升高的当代，探索女性对财富分配公平主观判断的影响因素无疑有着重大意义。本部分通过三条分析路径研究教育对财富分配公平感的影响。第一条是教育本身对人们主观公平感知的影响；第二条是教育经由社会经济地位间接路径对财富分配公平的感知；第三条是教育通过政治信任路径对女性财富分配公平感的判断。

三、理论依据

关于教育的界定有很多。这些界定有植根于哲学辨析的，还有从社会实践出发的。

（一）教育的界定

美国著名的教育学家约翰·杜威认为教育是延续社会群体生命的手段。经验即教育，经验是民主社会所有教育过程的根据、手段和目的。所以，无论是民主社会的维持、改善还是改良，都依赖于教育。同时，教育又是一种社会功能。社会环境养成个人行为的心理倾向，人们在社会环境的参与中，逐渐形成教育性的、人格形成上的影响。这种影响是在不知不觉中造成的，没有设定的用意（杜威，2009：2）。把正规的教育从教育过程中区分出来，就形成了学校教育（杜威，2009：6）。

涂尔干认为教育是成年一代对尚未为社会生活做好准备的年轻一代施加的影响。其主要目的是鼓励孩子德、智、体等方面能力的发展，这也是政治社会制度以及特殊的社会环境对孩子的要求（涂尔干，1956：28）。

美国当代教育社会学家菲利普·W.杰克森沿袭杜威的思路，在进行哲学探索的基础上对杜威的教育界定进行了拓展和延伸。他认为教育是一种促进文化传播的社会活动，目标是让受教育者的性格和精神人格产生持久的好变化，从而间接地让更广泛的社会环境发生好的变化，进而延伸至全球（杰克森，2012：155-156）。

我国著名教育社会学家陶行知则把杜威教育即生活的言论进行了反转，他认为生活即教育的表达方式会更贴切一些。因为中国的教育不能脱离生活，教育是生活的教育，是供给人们需要的教育。人生需要什么，就应该教什么（陶行知，2011：283）。

以上对教育的界定是把教育放在社会大环境下或从制度相关性的层面进行的。相较而言，从教育学角度对教育所做的界定则更侧重于微观层面，也更细致。

杜威认为教育的含义具有二元性。一方面，教育是指学习已知的知识，这些是外在的东西，是一些认识的总和。另一方面，教育意味着学习者的所为，即自己教育自己。教育的二元性实质是知识和认识的区别。前者指外在的知识，后者是一种纯粹内在的、主观的、精神的认知过程（杜威，2009：167）。

由瑞典的 T. 胡森和德国的 T. N. 波斯尔斯韦特总主编的教育大百科全书中对教育的界定是，教育是指有意识地、有目地地影响或塑造儿童、青少年以及成人的行为的一门艺术（胡森、波斯尔斯韦特，2011：8）。

南京师范大学教育系在《教育学》一书中，对教育的界定分为广义和狭义两种。广义的教育是泛指一切增进人们知识、技能、身体健康以及形成或改变人们思想意识的活动。狭义的教育即学校教育，是对受教育者的身心所施加的有目的、有计划、有组织的影响以使受教育者发生预期变化的活动（南京师范大学教育系，1985：1）。

综上可见，无论从社会学角度还是从教育学角度对教育概念所做的界定都很完善。这些界定不仅强调了学校作为维持社会秩序和发展变革的工具作用，还具体表述了教育传承知识促进人类身心发展的重要功能。

（二）教育的功能

教育功能在社会学中根据具体研究语境的不同又被称为教育作用或教育效果。

1. 功能的界定

罗伯特·K. 默顿在《社会理论和社会结构》一书中对功能的含义做了详细解读，并提出了显功能和潜功能的概念。

默顿认为功能一词的涵义要根据其分析的具体框架来定。生物科学领域把功能界定为维持生物有机体的生命过程或有机过程。社会学和人类学领域对功能的定义大多衍生于功能的生物学涵义。在考量了众多功能定义的基础上，默顿把功能界定为观察到的有助于一定系统之调适的后果。显功能指有助于系统调适、能被系统参与方期望和认可的客观后果。与之相对应潜功能则是无助于系统调适、期望也不认可的客观后果（默顿，2008：130）。功能这一术语在使用过程中也因分析框架和研究情境的不同被代之以效用、作用、目的、意图、结果等词（默顿，2008：95）。因此，教育作用与教育功能二词意义等同。

默顿关于功能、显功能以及潜功能的界定一直被教育社会学领域用来分析教育对维持社会秩序功能的研究。

2. 教育功能的三种解读视角

目前社会学领域对于教育在社会治理中的作用有三种解读：功能主义理论、冲突理论、互动和解释理论。

(1) 功能主义理论

功能主义理论认为社会中的各个组织在整个系统中都扮演着特定的角色，各个部分相互依赖并发挥特定作用从而保持社会稳定有序运转。帕森斯（Parsons）认为学校的主要功能是传递维持社会秩序所必需的知识和行为。这一功能主要通过社会化过程实现。除此以外，教育还有文化传承、社会控制与个人发展、选择、培训以及个人社会安置、变革和创新等功能。

功能主义理论代表人物涂尔干认为教育的道德价值是社会秩序的基石，社会通过教育制度得以延续。共同的价值观或社会成员间的共识是系统的重要构成部分，也是系统保持平衡的必要保障。学校理所应当地承担起灌输社会控制和个人发展价值观的作用。

(2) 冲突理论

虽然冲突理论也试图解释教育在维持社会秩序中所发挥的作用，但它更多的是采用一种对抗和资源争夺的视角。

以马克思和韦伯为代表的冲突理论认为个人和群体间的利益争夺导致社会和组成社会的各部分之间始终存在一种张力，这种张力促进社会结构和等级制度的最终建立。韦伯更进一步认为学校的存在就是为了维持社会等级制度，是社会结构再生产的工具。随后的文化再生产理论和抵制理论又对这一等级维持和重复再造思想进行了扩展和补充。

冲突理论实质上说明了社会作为一个系统的不稳定性，而这种不稳定是由地位、权力、文化资本等资源的不平等分配导致的。

(3) 互动和解释理论

互动和解释理论更多关注微观层面个体之间的互动，包括同辈群体、师生之间、家长和教师之间的沟通。它试图通过周围人对学生心理、态度、价值观的影响解释学生成绩以及其他一些行为。比较著名的互动理论是标签理论和理性选择理论。

(三) 教育的作用机制

默顿的显功能和潜功能理论作用于学校教育就表示为显性课程和隐性课程。所谓的显性课程是指学校所教授的课程，隐性课程则是指存在于学校有组织的结构性课程中的制度、惯例和规章，它的特点可以用以下词汇来形容，不成文的、非学习得来的、隐性的、不被注意的。隐性课程是整个制度的一部分，它的目的是使学生做好准备，将来成为对社会有用的一部分。它反映的是学校制度的非正式方面(默顿，2008：145)。

杜威对教育的解读一直被奉为经典。从与杜威一脉相承的研究中也可以发现教育通过学校设置的显性课程和隐性课程的作用使人们向着好的方向转变，从而达到使整个社会环境发生改良的目的。陶行知也认为教育通过对人的知识和价值观的传授达到解决问题的目的。如果教育不能解决问题，那就不是真正的教育(陶行知，2011：357)。

教育在社会治理中的作用根据其显性功能和隐性功能又可被划分为教育对人们社会经济地位的提升作用和道德教化作用两类。教育的社会经济地位功能通过提升人们的知识层次使其拥有一份不错的收入，再通过经济地位的提高对人们的一系列心理反应和社会行为产生影响。道德教化作用则是通过增强个体对社会价值规范及制度安排的认同达到促进社会规范形成的目的。教育的社会经济地位功能因其具有外显的特点且易于测量而成为人们衡量教育功能的首要标准。道德规范作用由于其隐性特点而不被人所关注。本研究重点关注教育的教化功能，并通过分析教育的间接效应深入探索其教育文化软实力的效力大小。

第二节　研究假设及研究方法

一、研究假设

根据研究思路，提出本书研究的三个基本假设。

假设1：在我国存在着教育成就的性别不平等现象。

随着国家九年义务教育和高等教育扩招政策的实施，女性逐步摆脱了家庭资本缺失对其受教育权利和教育机会的限制。但不可否则的是在九年义务教育之外，女性的教育机会更多地取决于家庭环境和父母的性别意识。教育成就的性别不平等现象长久地存在于我们的社会中，仍将继续存在下去。对于生活在农村和城镇底层家庭的女性来说尤其如此。

假设2：教育能够在物质层面造成资源分配的性别不平等。

教育程度决定个人的社会经济地位。社会经济地位一般用收入和从事的工作来衡量。即使接受了相同的教育，女性在资源分配过程中也无法享受与男性相同的待遇。虽然国家一直倡导"同工同酬"的报酬发放原则，但武汉市的数据表明，女性平均月收入仍比男性少约 2024 元。可见，女性在工作中遭受着玻璃天花板和性别歧视的不平等待遇。

假设 3：教育能够在精神层面造成主观感受的性别差异。

教育对精神层面造成主观感受的男女两性不同的结果主要体现在幸福感、社会信任、财富分配公平感等方面。这几个方面的主观感受涉及教育的社会经济地位效应是否能造成两性的主观幸福感、社会信任水平、财富分配公平感的不同。以及家庭背景和自身社会阶层是如何影响女性的幸福感、社会信任以及财富分配公平感的。

二、研究方法

(一) 数据来源

武汉市社会状况综合调查[①]（China Social Survey Research），是武汉大学社会调查中心所发起的武汉市第一个综合性、连续性的覆盖整个武汉市的大型社会调查项目。目的是通过定期、系统地收集武汉人与武汉市社会各个方面的数据，包括对住户基本情况，个人工作状况，家庭经济情况，武汉人、城市认同与两型社会，幸福感及生活满意度，信任与社会支持，社会心态与社会行为，宗教、教育与文化以及空间调查等部分，以获取转型时期武汉市的数据资料，总结社会变迁的长期趋势，探讨具有重大理论和现实意义的社会议题，推动国内社会科学研究的开放性与共享性，为我国大城市社会治理和政府决策提供详实、科学的基础信息。

2014 年武汉市社会综合调查的总体为武汉市居民，为保证调查对象的代表性，本次调查采用多阶段抽样方法，在武汉市抽取 2000 个样本，平均分配在武汉市 63 个居委会/行政村委会中。具体抽样程序如下：

第一阶段，首先在武汉市江岸区、江汉区、硚口区、汉阳区、武昌区、青山区、洪山区、东西湖区、汉南区、蔡甸区以及江夏区等 13 个区域中，依据行政范围、人口密度和人口异质性等标准不等比例分层抽样，选取台北街、花桥街、谌家矶、唐家墩、常青、汉兴、韩家墩、汉水桥、宝丰、琴断口、永丰、杨园、中华路、紫阳、珞珈山、红卫路、新沟桥、关山、狮子山、洪山、和平、金银湖、常青花园、东荆、张湾、纸坊、五里界、祁家湾、罗汉寺、姚

---

① 资料来源：《2014 年武汉市社会综合状况调查报告》，武汉大学 2014 年武汉市社会综合状况调查课题组撰写。

家集、邾城、三店、双柳等33个乡/镇/街道。

第二阶段为居委会/行政村委会抽样，在第一阶段抽出的33个乡/镇/街道基础上，每个乡/镇/街道选取两个居委会/行政村委会，从而选出花莲、桃源、黄埔、望才里、新建、先锋、香江新村、八古墩、复兴、邹家墩、民航里、水仙里、综合、公安、解放、营前、同济医学院、桥北、七里一村、冯家畈、龙阳新村、玫瑰西苑、柴东、电力新村、户部巷、西城壕、歌笛湖、保望堤、珈智、珞睿、才聚、科大、新桥、热电、华科、汽发、湖工、省农科院、大华、南湖雅园、金鹤园、铁机、碧海、李家墩、第三社区、第二社区、东庄、王家寨、上独山、红星、新北路、北华、五里界、东湖街、田铺、群力、新阳、合丰、寨东、姚集、巴徐、幸福社区、宋寨、坨坑、吊尾、沙咀等66个居委会/行政村委会。

第三阶段为居委会/行政村委会抽样。为充分保证抽样的科学性和严谨性，本次调查使用地图抽样法对抽取的66个居委会/行政村委会展开实地绘图，以住宅类建筑为载体，将各类建筑物绘制在图纸上并对实际住户进行编号形成抽样框从而确定2046份样本，其中每个居委会/行政村抽取31户家庭，并据此开展入户访谈。

社会学系101名博士生、硕士生和本科生参与了此次调查，调查人员均经过科学、严谨的培训，以小组的形式进行入户访谈。在绘图与访谈过程中均分配组长和督导，组长负责组织、协调；督导对调查小组进行监督和技术指导，复核已访谈对象，并审查已完成问卷。此外，本次调查引入了遥感信息技术学院的以voronoi区域剖分的方法为基础桌面抽样软件技术，将空间抽样方法与社会调查的有机结合；同时通过为被调查对象安装专业轨迹研究移动客户端、车载GPS等方式获取了动态多层次的轨迹数据，从而实现了非空间数据与空间分析技术的有效衔接。

本次调查于2014年7月16日开始实地绘图，经历了试调查和入户访谈阶段，于2014年1月30日圆满结束。共完成63个居委会/行政村委会1887户家庭的访谈，获得份1887问卷，问卷回收率为100%，其中废卷8份，废卷率为0.42%。

(二) 模型构建

在分析第一手资料时，本研究对已经建立的数据库采用统计的分析方法，科学而又严谨地对资料进行分析。运用SPSS17.0、STATA12.0、AMOS21.0对研究中的因果联系、相关关系，采用多元线性回归模型、二元逻辑斯蒂回归、因子分析、结构方程模型等模型进行分析。在人文社会科学领域引入自然科学领域严谨的方法，使数据分析的结果更加科学并令人信服。

1. 线性回归模型

多元线性回归模型研究一个因变量和多个自变量之间的关系。假设有 p 个因素影响因变量 Y 的变化，分别记做 x_1, x_2, $\cdots$, x_p，且这些因素对因变量 Y 的影响是线性的，因此整个模型可以写成

$$Y = a + b_1 x_1 + b_2 x_2 + \cdots + b_p x_p + \varepsilon$$

其中，a 为常数项，b_1, b_2, $\cdots$, b_p 为每一个自变量对因变量的效应值。ε 为随机误差，与所有自变量无关，且满足线性方程要求的正态性、无偏性、同方差性、独立性四个假设。

2. 二元逻辑斯蒂回归

二元逻辑斯蒂回归模型是指因变量为 0 和 1 二分变量时的回归分析。

设因变量 Y 仅有两个状态，它们分别以 0 和 1 两个值表示。那么设有 k 个因素 x_1, x_2, $\cdots$, x_k 影响 Y 的取值，则二元 Logistic 回归模型为

$$\ln(Y) = \beta_0 + \beta_1 X_1 + \cdots + \beta_k X_k$$

其中，β_0, β_1, $\cdots$, β_k 是待估的未知参数。

3. 结构方程模型

结构方程模型是基于变量的协方差矩阵来分析变量间关系的统计方法，因此又称为协方差结构分析。与传统统计方法相比，结构方程模型能同时处理潜变量及其指标。它通过观测变量集合的协方差结构和相关结构出发，从定量的角度建立模型来研究变量间的因果关系的一种方法。

4. 因子分析

因子分析是通过降维的方式用少数几个因子去描述多个变量之间关系的一种分析方法。被描述的变量一般都是能实际观测到的随机变量，得出的因子则是不可被直接观测到的潜在变量。因子分析的基本思想是把相关性比较高的变量归为一类，这个被归类的变量就称之为公共因子。它的基本原理是以相关性为基础，通过协方差矩阵或相关矩阵把大部分变异归结为为数不多的几个公因子。每个公因子就代表了一个基本特征。从根本上来说，因子分析是寻找和确定这些基本特征的模型。在实际操作过程中，公共因子不可能覆盖所有信息，其余解释不了的部分则为特殊因子。

(三) 相关概念界定

下面对本研究涉及到的主要概念进行界定。

1. 核心自变量

本研究的核心自变量有两个，一个是教育，一个是性别差异。

(1) 教育的界定

学校教育自其诞生之日起,就起着某种作用,发挥着某种功能。教育与国家经济发展之间的关系也是"工具—目的"的关系(石中英、张夏青,2008)。在埃米尔·迪尔凯姆、帕森斯以及英国学者霍珀、特纳等社会学家眼中,教育最基本也最重要的功能就是社会化,把国家公民培养成适应社会生活并能在社会上独立生存的个人。从另外一个角度来说,教育此时就充当了政府维护社会核心价值体系,保持社会稳定的工具。除了社会化的功能,教育还具有筛选功能,即通过某种考核机制促成社会流动,并最终把合适的人选分配到等级分布的社会结构中去(阎光才,2002)。

伯顿·克拉克进一步指出一个国家的高等教育至少具备三种功能:社会经济功能,即职业培训和其他一些实用价值;文化功能,即文化传承和再生产功能;政治功能,即培养遵纪守法好公民以及为当政者的政治目标服务的功能。这三种功能再次说明了教育与国家和社会的关系。一方面教育存在于社会中,调动和利用着社会资源;另一方面,教育又被其他资源利用,进而形成教育与政治、经济、社会、文化等领域密不可分的状态(冯向东,2013)。高质量的教育也被看做是保持国家经济发展和科技进步的重要保障(石中英、张夏青,2008)。我国30年教育改革的经验也说明了大的社会变革都会伴随着教育改革的步伐。

回归到教育学的视角上来,教育的本质在于传递和传播社会文化知识。教育的客体是生活在社会中的单个个人。受教育的单个个人集合起来就构成了社会层面的整体。因此,教育的社会功能又可分为个人和社会两个层面。从微观的个体层面来看,教育使人的素质得到提升以适应社会生活是为"成人"。通过教育的培养使人掌握谋生的技能并能进行独立生存是为"成才"。从宏观层面讲,教育的功能表现在提高全民族人口的素质上来。也就是培养社会发展所需的各类人才(胡德海,1999)。

教育的概念很宽泛,一切能够对人们起到教化作用的行为都可以称为教育。教育一词本身既可做动词又可做名词。根据本书的具体研究内容以及教育在性别差异中发挥的作用,在此教育主要是指依托学校这种实体机构所进行的知识传递和社会化过程。教育作为主要变量纳入模型的依据也是其依托于学校所取得的学历文凭和总的受教育年限。

(2) 性别不平等

性别不平等是指女性在资源、地位、权利、权力等方面与男性的不对等状态,这些不对等可以跨越时间和空间进行统计学上的比较(Blumberg,1984;

Dunn et al.，1993；Mathieu，1991）。这个定义囊括的内容很多，它还包括性别不平等和阶层、年龄等其他群体不平等的相互作用（Lemieux & Mohle，2002）。

2. 因变量

本研究的因变量是代表物质层面的收入和精神层面的幸福感、社会信任以及财富分配公平感。

(1) 收入

本研究分析中需要用到的收入变量，除了做教育回报率性别差异分析时，采用的是个人月收入，其余分析用的都是被访者个人2013年的全年收入，包括工资、奖金、以及各类投资利润和分红，利润和分红包含了被访者的隐性收入，能很好地代表被访者的整体收入水平。

(2) 幸福感

幸福感研究中的"幸福"一词在国际研究中一般有5个对应词，即"well-being""happiness""welfare""hedonia""eudamonia"，除去后两者常用于哲学、伦理学研究文献中，前三者的语意基本相同（丘海雄、李敢，2012），只是不同领域学者的使用方式不同罢了（Ruut，2015）。目前研究中大多以主观幸福指数（Subjective well-being，SWB）和幸福感（Happiness）作为衡量居民生活质量的指标（丘海雄、李敢，2012；邢占军，2006）。学术界普遍接受的主观幸福感（Subjective well-being，SWB）概念是由迪纳（Diener）提出的，是指个体根据自定的标准对其生活质量的整体性评估（Diener，1984）。迪纳的界定强调一种快乐论主义的倾向，主要关注个人对自己整体生活的满意和幸福的评估（苗元江，2011）。鉴于此，在西方的一些研究文献中直接把"生活质量"与"幸福"两个词等同起来使用的（丘海雄、李敢，2012）。

幸福感的研究很大程度上基于个人的主观感受和评价。对该问题的测度一般也分为两种形式，一种是要求被访者选择他们的幸福级别，分为非常幸福、幸福、不太幸福、不幸福四类；另一种对幸福感和满意度的测量设置成1到10分的连续数字，要求被访者选出最能代表自己主观感受的数字（Yew，2008）。伊斯特林针对中国的研究采用的问题是约瑟夫·斯蒂格利茨（Joseph Stiglitz）、阿马蒂亚·森（Amartya Sen）和让-保罗·菲图西（Jean-PaulFitoussi）所推荐的主观幸福感问卷设计："把所有事情都考虑在内，你对你最近的生活有多满意？请用1~10之间的数字来回答，1表示最不满意，10表示最满意。"世界幸福感数据库中使用的也是该问题。

让人们用1到10分来给自己的生活满意度打分，这种方式比传统的客观衡量方法能提供更多有价值的信息（Stiglitz et al.，2009）。幸福感的程度更多地取决于主观因素而较少受客观环境影响。主观因素又很大程度上由我们的成长经历所决定,例如教育、社会交往等一系列因素(Yew,2008)。从心理测评的角度来看,当人们对他们的生活满意度进行评价时,他们所说的是他们的总体感知和真实想法。在这种情况下他们的回答可以进行跨社会、跨国家、跨文化的比较并经得起时间的考验(Helliwell,2008)。

对人类幸福的研究早期是对主观幸福感的分析,近来学者们逐步转向生活满意度(Life satisfaction)的研究。也有学者在研究本国居民的幸福感知时既考查了主观幸福感又考查了生活满意度(Sibel,2008;Tony & Matthew,2014)。伊斯特林认为,生活满意度是一个用来描述人们生活环境和幸福感的更全面、更有意义的指标(伊斯特林,2013)。

近年来,西方研究幸福感的文献中,大都没有具体指出主观幸福感(Subjective well-being,简称 SWB)和生活满意度(Life satisfaction)的区别,但无论主观幸福感还是生活满意度都是测度幸福感的指标。伊斯特林在行文中也是混合使用主观幸福感和生活满意度来指代人们的幸福程度。在后面行文中,本书也会根据不同学者的用词不同而对两者混合使用。但是沿用伊斯特林幸福研究中所采用的生活满意度作为测度指标,用来描述一个人对自己生活的整体幸福感知。

(3)社会信任

①信任的界定和分类。卢曼认为,"在最广泛的涵义上,信任是指对某人期望的信心,它是社会生活的基本事实。在任何情况下,信任都是一种社会关系,而社会关系本身又从属于特殊的规则系统"(卢曼,2005:1)。简单理解,信任就是相信他人未来可能采取的行动的赌博(什托姆普卡,2005:33)。信任要解决的问题"大于人们同与自己相似的人交往。它把我们与那些和我们没有交往的人联系在一起"(尤斯拉纳,2006:3)。

信任分为一般信任(generalized trust)和特殊信任(specific or particularized trust)(Bo & Eric,2005)。一般信任是指我们对"不同于我们的人"的信任,陌生人也包含其中,它的理念是大多数人是可信的(尤斯拉纳,2006:6),对陌生人的信任就意味着接受他们进入我们的道德领域。通过这种信任,人与人之间被普遍地联结在一起。特殊信任是指我们对自己内部人的信任。首先是我们的家庭成员,其次是我们自身认识的人。这两个层次的信任都涉及了相当程度的亲密程度(什托姆普卡,2005:56)。对陌生人的信任是道德主义的信任,对你了解的人的信任则是策略性的信任(尤斯拉纳,2006:5)。一般信任反映了整个社会跨越经济地位和种族的凝聚力。特殊信任则反映了社会的张力,群体内部人对本群体以外的人很少赋予信任(Bo & Eric, 2005)。布和埃里克认为(Bo & Eric, 2005),从这个层面来说,一般信任程度低的社会普遍特殊信任的程度较高。

尤斯拉纳把信任分为个别信任和普遍信任。"对我们同类人的信任是个别信任",对大多数人的信任是普遍信任(尤斯拉纳,2006:6)。他认为对陌生人的信任是一个公民社会最关键的基础,又可被称为"道德主义信任",即"信任我们不认识的人,信任与我们不同的人"(尤斯拉纳,2006:18)。而把普遍信任与个别信任区别开来的标准就是个人道德共同体的包容程度。

总的来看,通常所指的社会信任与布和埃里克所定义的一般信任,还有尤斯拉纳所定义的普遍信任内涵相同,都是指对于大多数人的信任。三者的概念类似,只是名称不同而已。社会信任不仅表现了人们对于与其他人交往的乐观期望,也是对社会结构如何发挥作用的潜在理解(Gunnar et al., 2012)。社会信任的建立既依赖于社会经济状况又跟整个社会的公平程度密切相关,同时又有助于平等社会的建立和发展(Rothstein, 1998)。

福山(2001:5)根据社会信任程度的高低把社会分为低信任的社会和高信任的社会。低信任的社会指信任只存在血亲关系之上的社会,也就是特殊信任占主导的社会。高信任的社会指信任超越血亲关系的社会,也就是一般信任程度较高的社会。按照这种划分依据,福山认为,中国属于低信任社会,日本、德国、美国则属于高信任社会(福山,2001:5)。在信任程度较高的国家,有60%的人宣称他们愿意信任其他人,而在信任程度较低的国家,这一比例只有10%(Bo & Eric, 2005)。一般信任程度高的人会认为陌生人是值得信任的并在实际行动中对他们显示出充分的信任(Gheorghiu, 2008)。

②转型期中国的社会信任。传统中国社会的信任关系也可以用费孝通先生的"差序格局"来描述。人与人交往时,与自己关系最近、最亲密的人就是自己的家人,故而也是最为可信的;其次是直系亲属之外的其他亲戚朋友,既包括姻亲关系缔结的亲戚,也包括亲密好友,对这类人的信任度也是比较高的;再次是由于工作关系、老乡关系形成的熟人网络;最后是陌生人。整个信任体系呈现"差序格局"的圈层。与自己关系最近、最为信任的人处在圈层的正中心,亲戚朋友处在中心圈层外一层,接着是同事老乡,最外层是陌生人(胡荣、李静雅,2006;张禹青,2012)。在此基础上,胡荣等人认为中国城市居民的人际信任由特殊信任、一般信任、普遍信任三个维度构成。普遍信任指城市居民对社会上不确定或不稳定交往关系的人的信任,它的对象包括社会上的大多数人、一般熟人、网友等;一般信任指与本人存在一般合作关系的人,对

象包括单位领导、同事、邻居等；特殊信任指与本人有血缘关系或亲密情感关系的人，对象包括家庭成员、亲朋好友等(胡荣、李静雅，2006)。这种划分方式相当于把尤斯拉纳定义的普遍信任与布和埃里克划分的一般信任重新做了梳理，把二者的内涵进行了更细致的划分。

福山之所以把传统中国社会界定为低信任社会，是因为中国自古以来受儒家教育影响较大。"儒家通过道德教育，把家庭排在其他社会关系之上而大大加强了家庭的纽带。家庭纽带的牢固意味着毫无关系的个人之间的联系存在着某种弱点，一踏出家庭圈，社会信任就将降低"(福山，2001：46)。

传统的中国社会，从文化上来说，社会信任受儒家传统的"仁义礼智信"的思想影响，"信"成为人与人交往的重要基础。熟人之间、群体内部的交往与信任大都靠人情来维系，社会信任程度较高。一旦过渡到生人社会，人情关系被打破，社会信任的建立就存在一定的困难(张禹青，2012)。从经济角度来看，自给自足的农业生产方式占据主要地位，致使人们的生活圈子相对集中，人际交往范围大多局限于以血缘、地缘、宗族为基础的亲朋好友、族里相亲的范围内。社会信任也表现为对具体人格的信任，也就是熟人社会间简单直接的信任形式(马俊峰、白春阳，2005)。随着市场经济的介入，我国开始由农业社会向工业社会转型，社会信任在传统熟人社会信任的基础上又出现了一些新内容。随着熟人社会群体的慢慢消亡和新的生人社会群体的扩大，以前只信任熟人的人对生人的介入采取了过度戒备的心理。另外，对生人和熟人的区别对待也使人们很难形成普遍的社会责任感(马俊峰、白春阳，2005)。除了对生人的戒备和不信任，很多人见财忘义，出现了"杀熟儿"现象。这不仅标志着在陌生人中社会信任的缺失，熟人社会中的信任也日益丧失，社会信任程度急剧下降(郑也夫，2003：153)。

国内其他学者的研究也都支持转型期中国社会信任度较低的论断(朱虹，2011；高星，2013)，验证了福山对中国低社会信任状况的分析。但也有学者得出了相反的结论。杨明(杨明、孟天广、方然，2011)等人的研究发现，自1990年世界价值观调查以来的多个数据均稳定地显示中国的社会信任水平高52.3%，非但不是一个低社会信任的国家，甚至还位居世界前列。即便如此，仍不可否认处在转型时期的中国，社会信任体系也正处于从传统的熟人社会的社会信任体系向现代的生人社会的社会信任体系转型的过程中。

(4)财富分配公平感

分配公平感实际上是人们对收入应当如何分配的一种主观判断(李骏、吴晓刚，2012)。分配公平早在20世纪60年代就引起了学者们的关注，霍曼斯

(Homans)最早在1961年提出分配公平(distributive justice)理论,亚当斯(Adams)也在1965年提出了公平理论(equity theory)(Karen & Karen, 1983)。传统的分配公平理论认为人们在衡量分配结果是否公平时秉承着"个人利益中心"的原则,并假设人们在社会交往过程中都期望获得个人利益的最大化(Taylor and Moghaddam, 1987)。因此,人们在表达社会收入和财富分配公平感时,首先衡量个人投入的成本和所获得的收益(Adams 1965;Walsteret al. 1973)。这个衡量的基础和标准就是与周围人的比较。在与周围人付出/所得的比较中,人们获得自己所得是否公正的感知。他们比较所参照的周围人群体大都是与自己社会经济地位情况比较类似的当地人群体(Norma & Duane, 1986)。

目前研究中普遍意义上的分配公平感指的都是社会劳动产品的结果分配公平。最近国内外的一些学者也把视角转到了分配程序公平的研究上。程序公平理论认为分配劳动成果的规则和程序同样是人们判断分配是否公平的重要基础。该理论强调程序公平和结果公平是相互独立的,不同于人们对结果公平判断标准的单一,人们对程序是否公平的判断基于很多因素。这些因素包括是否被平等对待、分配者是否公正如一、以及程序执行的过程中人们是否有适时表达自身意愿的话语权(Ellen, Susan and Joseph, 2000)。尽管如此,研究者们仍发现,人们对程序公平的判断直接决定了他们对结果分配公平的感知(Tyler, Huo, & Lind, 1995)。当人们对结果分配感到满意时,他们不会过多关注程序是否公平。但当人们对结果分配不满意时,对程序是否公平的感知则变得至关重要(Brockner andWiesenfeld, 1996)。

(四)变量操作化

本研究变量包含着核心自变量、其他自变量、因变量、中介变量四种变量形式。

1. 核心自变量

教育。教育根据研究需要在文中共操作化为三种形式,一种是教育年限的连续变量,一种是按照学历层次的类别变量,还有一种是根据是否接受高等教育划分为二元变量。按照我国学制的具体情况,把学历重新编码为相应的受教育年限时:未上学=0,小学=6,初中=9,高中/中专/职高技校=12,大学专科=15,大学本科=16,研究生=19。按照学历层次,把教育程度重新编码为小学及以下=1,初中=2,高中/中专/职高技校=3,大学及以上=4。按照是否接受过高等教育划分为接受过高等教育=1,未接受过高等教育=0。

性别。性别为本研究的核心自变量,且主要研究对女性的影响作用。因此在模型分析时，性别被处理成虚拟变量，女性＝1，男性＝0。

2. 其他自变量

年龄。本研究使用的年龄变量是连续变量，年龄＝2014－出生年份。但为了具体分析教育成就的性别差异，把年龄变量做了分类处理。由于我国特殊的国情，居民的受教育状况在不同的年代差异很大。本研究在基本采用郝大海（2007）对年龄同期群的划分方法的基础上，根据武汉市调查的具体情况又进行了调整。根据是否受"文革"影响，郝大海（2007）将年龄划分为五个同期群。第一个同期群出生日期介于1934—1946年间，这个群体的入学转换基本不受"文革"影响；第二个同期群出生于1947—1957年间，这一群体由于受"文革"影响没能实现高中向大学阶段的转换，而且是在教育上受"文革"影响最大的一批人；第三个同期群介于1958—1965年间，该群体虽然处于高考恢复期，能够实现高中到大学的顺利转换不受影响，但两次中学入学仍在"文革"期间；第四个同期群为1966—1973年，这一群体基本不受"文革"影响，处于社会转型初期；第五个同期群为1974—1981年，该群体受我国义务教育法影响较大。由于武汉市调查的被访者出生年份介于1944—1997年。因此，其他同期群不变，第一个同期群调整为1944—1957年出生的群体。最后添加一个1982—1997年出生的同期群，这一群体不仅享受国家义务教育法，还普遍得益于高考扩招政策。在采用全国样本进行对比分析时对年龄自变量也采用此类划分方法。

城乡。由于我国二元的户籍制度，城乡发展的二元结构已然成为普遍共识。虽然原来在农村通过教育获得成功的人几乎都留在了城市，完成了户口由农转非过渡并最终成为城镇居民（吴愈晓，2012），但是他们重要的教育阶段都是在农村学校里度过的。因此对户口变量进行处理时，把"之前是农业户口"的选项也归于"农业户口"一类，把"之前是非农业户口"归于"非农业户口"一类，并把户口变量处理为虚拟变量（农业户口＝1）。

父亲职业。中国父权制文化理念下，父亲一般作为家庭的顶梁柱，其职业地位决定着家庭的社会经济地位。因此代表被访者成长环境的家庭社会经济地位用父亲的职业来衡量。职业阶层按照国家职业分类与代码表的分类，把职业划分为两个主要阶层。1＝"高级管理人员和中高级技术人员"，0＝"其他从业者"。

父亲受教育程度。鉴于一直以来，男性受教育水平普遍高于女性，在家庭内部父亲的学历也大都高于母亲，因此采用父亲的受教育程度作为家庭的整体学历代表。父亲受教育程度变量原为分类变量，为了便于分析，重新编码为受教育年限作为连续变量。其中，未上学＝0，小学＝6，初中＝9，高中/中专/职高技校＝12，大学专科＝15，大学本科＝16，研究生＝19。

工作经验。明瑟方程中的工作经验自变量并不能直接获得，根据国际通用惯例，工作经验一般由工作年限的长短来衡量，$Exp=$年龄$-$受教育年限-6。工作经验计算公式暗含着一组假设前提，即人们普遍6岁开始接受义务教育且从学校毕业后直接进入工作角色。

本人职业。本人职业变量职业阶层按照国家职业分类与代码表的分类，把职业划分为两个主要阶层。1＝"高级管理人员和中高级技术人员"，0＝"其他从业者"。单位性质中，把1＝"党政机关、人民团体、军队"，2＝"国有企业及国有控股企业"，3＝"国有/集体事业单位"，重新编码为1＝"国有企事业单位"，其余的集体企业、私营企业、三资企业、个体工商户等编码为0＝"私有企业"。

单位性质。把1＝"党政机关、人民团体、军队"，2＝"国有企业及国有控股企业"，3＝"国有/集体事业单位"，重新编码为1＝"国有企事业单位"，其余的集体企业、私营企业、三资企业、个体工商户等编码为0＝"私有企业"。

3. 因变量

收入。收入考察的是被访者2013年的个人全年收入，不仅包括工资，还包括奖金、津贴、投资和理财收入等，能较全面地反映被访者的经济状况。由于收入呈偏态分布，因此对收入做了取对数处理。

职业。职业变量在本研究分析中既有做自变量的时候，又有做因变量的时候。具体编码参照"2. 其他自变量"中本人职业的编码。

幸福感。本研究的因变量沿袭伊斯特林的研究参数，采用生活满意度作为衡量人们幸福感的指标。即让被访者对自己的生活满意度打分，范围介于1～10分之间，是一个连续型变量。同时，为了避免单一问题对研究结论支持的薄弱性，生活满意度采用复合指标。2014年武汉市综合社会调查中与生活满意度相关的问题共有7个，分别是教育程度满意度、健康状况满意度、社交生活满意度、家庭关系满意度、家庭经济满意度、休闲娱乐满意度、以及总的生活满意度。为了便于分析，采用因子分析的方法对7个指标提取公因子。

经过分析数据的信度检验结果为0.850，效度检验结果为0.873，Bartlett的球形度检验结果为$P<0.001$，各项指标均达到做因子分析的标准。因子分析中提取出的一个公因子命名为幸福感并作为幸福感研究的因变量。该因变量为连续型变量，具体分析结果见表2.1。

表 2.1　　　　　　　　　　　因子分析结果显示

	因子负荷值	共同度
教育程度	0.618	0.382
健康状况	0.660	0.435
社交生活	0.750	0.562
家庭关系	0.669	0.448
家庭经济	0.780	0.608
休闲娱乐	0.781	0.610
总的生活满意度	0.851	0.724
特征值		3.769
累积方差%		53.846
提取一个公因子，命名为幸福感		
极小值		−3.685
极大值		2.170
均值		0.000
标准差		1.000
N		1864

社会信任。世界价值观调查（The World Values Survey）中对社会信任程度衡量的标准问题是"一般来说，你认为大多数人是可信的吗？或者你认为在与人交往过程中，不必过于谨慎吗？"（Gunnar et al.，2012）这一问题在世界各地关于社会信任的经验研究中已被持续使用了四十年（Huang et al.，2011）。虽然社会信任并不是一个适用范围很广的概念，但在经验研究中它的定义却被广泛地操作化了（Paldam，2009）。本研究对社会信任问题的界定沿用国际惯例的标准问题，在 2014 年武汉市社会状况综合调查问卷中具体设问为"您同意大多数人是值得信任的说法吗？"选项设置为四分有序变量，1＝"完全同意"、2＝"比较同意"、3＝"完全不同意"、4＝"非常不同意"，另外还设置了选项 8＝"说不清"。为了分析方便对因变量的选项进行了重新编码，3/4＝0"不同意"、1/2＝1"同意"，"说不清"编码为缺失项，进而把自变量设置成二分虚拟变量。

收入和财富分配公平感。在 2014 武汉市综合社会状况调查的问卷中让被访者评价我国收入及财富分配公平程度如何？所列选项为"非常不公平"、"不太公平"、"比较公平"、"非常公平"和"不好说"。为了便于分析对结果进行了重新编码和合并，把比较公平和非常公平选项赋值为 1＝"公平"，把非常不公平和不太公平赋值为 0＝"不公平"。选择"不好说"的被访者一般都不认可正向的选项，但又觉得实际情况比负向的选项结论要好一些。根据实地调查经验，如果再三要求被访者给出明确选项的话，一般都倾向于负向选项。因此把"不好说"编码为 0＝"不公平"。

4. 中介变量

政治信任。政治信任变量主要用于教育对财富分配公平感的性别差异研究。教育的道德教化效应主要体现在教育通过政治信任间接地影响人们的财富分配公平感。政治信任是一个很宽泛的概念，它包含很多层级，既有微观个体层面的信任又有宏观组织层面的信任。大体来看，政治信任从微观到宏观可以分为政府官员和公务员的信任、政治系统的信任、政治制度的信任。（谢治菊，2011）。根据问卷问题设计以及研究主题的限制，本研究选取选拔党政干部的公平程度、政府官员的腐败现象、反腐工作效果三个变量分别代表制度信任、政府官员和公务员信任、政治系统信任以考察居民的政治信任水平。选拔党政干部在问卷中以"您认为我国选拔党政干部的公平程度如何？"形式列出，选项分为"非常不公平""不太公平""比较公平""非常公平""不好说"五个等级。在重新编码的过程中，"非常不公平""不太公平""不好说"三个选项编归为 0＝"不公平"，"比较公平""非常公平"＝1"公平"。政府官员的腐败现象问题设置为"您认为目前我国社会中腐败现象是否严重？"，选项为"很严重""比较严重""不太严重""没有腐败现象""不好说"。选项重新编码为"很严重""比较严重""不好说"＝0"严重"，"不太严重"、"没有腐败现象"＝1"不严重"。反腐工作效果的问题设置为"您认为目前党和政府的反腐败工作效果明显吗？"，选项设置为"很明显""比较明显""不太明显""很不明显""不好说"。重新编码为"很明显"、"比较明显"＝1"明显"，"不太明显""很不明显""不好说"＝0"不明显"。

社会信任和公平正义。社会信任和公平正义变量主要做于教育与幸福感的性别差异分析中。社会道德和规范变量作为教育对幸福感间接作用中非经济影响，主要纳入了社会信任水平、社会公平正义水平和财富及收入分配的公平度三个变量。社会信任水平和社会公平正义水平变量作为连续型变量直接纳入方程。财富及收入分配的公平程度考察共分为五个维度，"非常不公平""不太公平""比较公平""非常公平""不好说"。在编码的过程中，合并为两个维度，1＝"公平"，0＝"不公平"，"不好说"设置为缺失项。

第三章 教育概况和教育认知的性别差异

本章先对武汉市居民基本的受教育情况和女性的教育观念作以简单的描述性分析,为后面章节的研究做铺垫。

第一节 总体受教育状况

武汉作为中国高等教育资源最集中的五大城市之一,科教综合实力居全国大城市第三位。拥有高等院校80多所,在中国仅次于北京;大学生数量愈100万人,居全球城市第一。截至2014年末全市幼儿园1097所,在园幼儿24.01万人。小学588所,在校学生44.45万人。普通中学365所,在校学生30.66万人。中等职业技术学校108所,在校学生9.18万人。普通高校80所,在校研究生11.08万人,在校本科及大专生96.21万人。全市学前三年教育入学率86.55%,6~11岁人口入学率100%,12~14岁人口入学率100%,6~14岁盲聋哑弱智人口入学率100%,九年义务教育巩固率97.7%,高中阶段毛入学率95.33%,高等教育毛入学率达到50.9%[①]。

在这么一个教育资源丰富、地理位置优越的城市进行"教育在特大城市社会治理中的作用"研究具有充分代表性。

武汉市居民的受教育状况主要以学历作为分析单位,在总体描述武汉市居民学历分布的基础上,又对学历分布的性别特征、年龄特征和地域特征做了基本的描述性分析。

一、总体受教育状况

由表3.1可以看出,武汉市居民的受教育结构比较均衡。在收回的1878份样本中,除去拒答的5份样本,还剩1872份。总体来看,武汉市居民中小

---

① 信息来源于搜狗百科——武汉市简介,http://baike.sogou.com/v6798.htm。

学及以下学历的比例①占到17.31%，接受过初中教育的人数占到了28.21%，接受过高级中等教育的比例比初中学历的比例稍微高出一些为28.58%，即便是在教育资源相对比较稀缺的高等教育领域，武汉市居民的受教育比例也高达25.91%。这跟全国总体所呈现出来的教育规律略有不同，全国总体的学历分布呈现枣核形，拥有初中、高中学历的人数最多，大学及以上学历的人数相对较少，小学及以下学历的人数最少。武汉市居民接受过高等教育的人数比例高于全国平均水平②，这与武汉众多的高校拥有量密不可分，也与武汉市作为全国排名第三的教育强市地位相匹配。

表3.1　　　　　　　　　　总体受教育状况分析

受教育水平	频数	百分比	累积百分比
小学及以下	324	17.31	17.31
初中	528	28.21	45.51
高中/中专/职高/技校	535	28.58	74.09
大学及以上	485	25.91	100.00
总计	1872	100.00	100.00

二、总体受教育状况的性别差异

从学历分布的性别特征中可以看出，女性的学历分布比较均衡，每个教育阶段都保持在20%以上，小学及以下学历和大学及以上学历比例保持在23%左右，初中和高级中等学历略高，达到27%。相比于女性学历的平均分布，男性学历比例中，小学及以下学历的比例最小只有11.16%，除了小学以外，无论是中学还是大学学历，比例都在29%以上。这说明即便在教育资源比较贫乏的时期，男性群体也享有接受教育的优先权（见表3.2）。

---

① 此处的高级中等教育包含高中、中专、职高技校三类。
② 采用2013年CGSS全国调查的数据得出的分析结果，接受过高等教育的比例为16.27%，其中还包括通过成人高等教育获得大学文凭的人群。

表 3.2　　　　　　　　总体受教育状况的性别差异

受教育水平	男	女
小学及以下	11.16	22.53
初中	29.88	26.78
高中/中专/职高/技校	29.65	27.67
大学及以上	29.30	23.02
总计	100.00	100.00

三、总体受教育状况的城乡分布

受教育程度的城乡差异和性别特征有着某种程度的类似，二者都显示受教育水平偏低的群体一般是占有社会资源较少的群体。农村人口在较低层次教育阶段的所占比例较大。有30.12%的农民只接受过小学及以下教育，还有38.17%的人响应国家九年义务的号召，完成了初中阶段教育。到了高中阶段，这一比例降为20.05%，能够升入大学就更少了，只占11.66%。如果说农村居民学历分布是呈金字塔型的话，城镇居民学历分布呈倒金字塔型，在学历层次越高的教育阶段比例越大。城镇居民没有接受过初中教育的只占5.91%，初中学历的比例也不足20%，高中学历占了36.63%，大学及以上学历的比例最大，达到38.39%(见表3.3)。

表 3.3　　　　　　　　总体受教育状况的城乡分布

受教育水平	农业户口	非农业户口
小学及以下	30.12	5.91
初中	38.17	19.35
高中/中专/职高/技校	20.05	36.63
大学及以上	11.66	38.39
总计	100.00	100.00

第二节　教育认知的性别差异

教育认知和态度的性别差异主要考察男女两性对教育有用性、自身教育满意度、教育与人生发展的关系，以及女性学历高不如嫁得好的认知和态度差异。在总体分析的基础上再单独对不同学历层次女性样本的教育认知的态度进行分析，重点考察教育对女性认知和态度的影响。

一、教育有用性认知的性别差异

表3.4是不同性别被访者对教育有用性的评价。认为教育对现有工作帮助巨大的男性比例比女性高。男性中有14.90%的人认为教育在工作中发挥着巨大作用，选择这一选项的女性只有9.98%。选择有点帮助的男性比女性高出8个百分点。选择帮助不大和完全没帮助的男女比例相当，没有太明显的区别。对性别做T检验，t=-6.1587，p<0.001。可见，男女两性对教育的认知有显著差异，男性对教育有用性的评价明显高于女性。

表3.4　　　　　　　　　　教育有用性评价的性别差异

	男	女
帮助巨大	14.90	9.98
有点帮助	40.75	32.63
不清楚	4.07	6.29
帮助不大	16.07	16.17
完全没帮助	8.85	8.78
当前没工作	15.37	26.15
总计	100.00	100.00

仅保留女性样本对学历和教育有用性进行交叉分析发现，在女性中对教育有用性评价最高的人是大学及以上学历层次，占到了一半以上的比例。最低的是小学及以下学历群体，只占7%。也就是说，受教育程度越高的女性越能认识到教育的价值。与帮助巨大选项比例趋势完全相反的是完全没帮助选项。学历越高的人选择教育对工作没帮助的比例越小，学历越低的人这一选项的比例越大。结合表3.4可以发现，男性和女性对教育价值评价的显著差异，并不是由性别因素本身决定的，而是受到了两性学历差异的影响（见表3.5）。

表 3.5　　　　　女性样本中学历层次和教育有用性交叉分析

受教育水平	帮助巨大	有点帮助	不清楚	帮助不大	完全没帮助
小学及以下	7.00	18.10	45.16	19.75	34.09
初中	19.00	30.06	17.74	25.31	32.95
高中/中专/职高/技校	23.00	27.61	25.81	33.95	22.73
大学及以上	51.00	24.23	11.29	20.99	10.23
总计	100.00	100.00	100.00	100.00	100.00

二、自身教育满意度评价的性别差异

表 3.6 是对自身教育满意度的性别差异分析，结果显示男性对自身教育的满意程度高于女性。对性别分组做 T 检验，t=2.1924，在 p<0.05 水平上差异显著。

表 3.6　　　　　　　自身教育的满意度的性别差异

性别	对自身教育满意度
男	6.21
女	5.98
T=2.1924	P<0.05

表 3.7 根据性别进行了样本筛选，仅对女性样本进行分析。从表中可以看出，受教育程度与女性对自身教育满意度的评价呈正相关。学历层次越高的女性对自身教育的满意度评价越高。也就是说，学历越低的女性对自身教育越不满意。说明，女性普遍都意识到了在现代社会中生存教育的有用性。如果有机会，她们愿意接受更多的教育。

表 3.7　　　　　　不同学历层次女性对自身教育满意度评价

性别	对自身教育满意度
小学及以下	5.21
初中	5.66
高中	6.06
大学及以上	7.01

三、教育与人生发展关系评价的性别差异

关于受教育程度和人生发展前景关系的评价，男性和女性并没有表现出太大的差异，都有超过四分之一的人认为受教育程度高的人的人生发展前景要比受教育程度低的人好。综合比较赞成和非常赞成两个选项，超过80%的人都表示了对教育在人生发展中重要作用的认可（见表3.8）。

表3.8　　　　　　　　教育与人生发展关系的性别差异

	男	女
非常反对	1.86	1.29
比较反对	16.43	18.53
比较赞成	56.41	54.98
非常赞成	25.29	25.20
总计	100.00	100.00

仅保留女性样本，对学历和教育在人生发展中的作用做交叉分析，持非常反对强烈态度的是高级中等学历群体，有61.54%的人认为人生发展的好坏跟教育没有太大关系；其次是大学及以上学历层，也到了23.08%的比例；非常赞成选项则显示出教育层次越低的人越看重教育对人生发展的作用；该选项比例最低的仍然是大学及学历群体（见表3.9）。说明，受过高等教育的女性根据自身人生发展经验，认为教育并不能决定一个人人生发展的好坏。这一方面可以归结为受高等教育培训的女性具有独立的思维意识，对人生发展和社会现象认识比较透彻，因此他们并不认为教育能决定一个人的一生；另一方面或许跟女性自身经验有关，虽然自己也受过高等教育，但人生发展倒没有期望中那么好，教育在自己的人生发展中并没有扮演十分重要的角色。

表3.9　　　　　女性样本中教育与人生发展关系的学历差异

受教育水平	非常反对	比较反对	比较赞成	非常赞成
小学及以下	7.69	6.45	23.41	33.33
初中	7.69	21.51	25.77	33.33
高中/中专/职高/技校	61.54	33.87	27.40	22.22
大学及以上	23.08	38.17	23.41	11.11
总计	100.00	100.00	100.00	100.00

四、学历高或嫁得好态度选择的性别差异

对于女性来说，学历高和嫁得好哪个更重要的选择显示了她们对自身社会角色和经济地位的意识。选择学历高的女性充分显示出新时代女性独立自主，与男性平等对话的性别平等意识。而选择嫁得好的女性则保留着传统观念里女性对男性的依附和从属意识。从表3.10中可以看出，无论是男性还是女性，都有超过50%的人比较赞成或者非常赞成女性学历高不如嫁得好的传统观念。说明在我们社会中父权文化还占据着意识形态的主流，人们普遍认为女性干得好不能决定自身的价值，只有嫁得好才能获得真正的地位提高。

表 3.10　　对于学历高不如嫁得好评价的性别差异

	男	女
非常反对	7.15	7.58
比较反对	35.40	34.60
比较赞成	44.55	44.67
非常赞成	12.90	13.16
总计	100.00	100.00

仅保留女性样本进行分析，更能看出女性对于学历高和嫁得好的关系评价（见表3.11）。从非常赞成选项可以发现，从初中学历到大学及以上学历阶层，受教育程度越多的女性选择非常赞成的比例越小。将近60%受过高等教育的女性是持非常反对或者比较反对态度的。这充分说明了高等教育对女性自我性别意识具有非常显著的教化作用。受教育程度高的女性有意识地争取社会性别角色平等，试图挣脱把自身幸福寄托在男性身上的传统束缚。

表 3.11　　女性对于学历高不如嫁得好评价的学历差异

受教育水平	非常反对	比较反对	比较赞成	非常赞成
小学及以下	15.79	19.60	24.89	25.76
初中	23.68	25.07	26.01	34.85
高中/中专/职高/技校	31.58	24.78	29.37	28.03
大学及以上	28.95	30.55	19.73	11.36
总计	100.00	100.00	100.00	100.00

第三节 结 论

本章先对样本受教育情况进行了总体分析，然后又对教育认知和态度的性别差异进行了着重描述。

女性在低学历层占到的比例比男性高，在高学历层占的比例比男性低。有22.53%的女性仅受过小学教育甚至没受过教育。中等教育阶段的性别比例差异最小，到了高中教育阶段，二者的性别差距拉大到6.28%。

关于教育对现有工作帮助大小的分析，男性对教育有用性正面评价的比例高于女性。男性认为教育对现有工作帮助巨大或有点帮助的比例占到了55.65%，持有相同态度的女性仅为42.61%。对性别做T检验，态度的性别差异在$p<0.001$水平显著。把女性样本抽出来做单独分析，发现学历越高的女性对教育与自身工作相关的评价也就越高。有51%的女性选择教育对自身工作帮助巨大。可见，教育对自身工作帮助评价显著的性别差异并不是由性别本身决定的，而是由受教育程度决定的。

对于自身教育满意度的评价在存在统计意义上的性别差异显著，女性对自身教育的满意度低于男性。分学历阶层看，受教育程度越低的女性对自身教育的满意度也越低。这说明很多低学历女性都对当初没能接受更多的教育感到遗憾。

关于教育与人生发展关系的态度评价，男女两性的选择并没有出现太大差异。单独分析女性样本会发现，有23.08%受过高等教育的女性非常反对"教育程度越高人生发展越好"的说法。与此相对应，持非常赞成态度的女性中只有11.11%来自高学历女性。可见受过高等教育的女性并不认为教育是决定人生的发展好坏的唯一因素。

女性"学历高不如嫁得好"，它反映了男性占据主导地位的父权社会中女性对男性的附庸，女性的幸福是依附在男性身上的。对这一问题的态度可以反映女性是否具有自身社会地位独立的意识。数据分析结果发现，对这句话持非常赞成态度的女性来自高学历群体的只占11.36%，持非常反对态度的有28.95%是受过高等教育的。由此看来，高等教育对于女性性别不平等的自我意识觉醒有着很好的启发作用。受教育程度越高的女性越会有意识地争取社会地位独立和两性平等。

第四章 教育成就的性别差异

本章主要研究教育成就的性别差异，通过一系列统计方法具体分析我国社会中存在的性别不平等现象。在分析教育成就性别差异时又加入了城乡因素，考察农村的教育性别不平等现象是否高于城市以及家庭背景因素对教育性别不平等的作用机制。

第一节 研究假设

无论是20世纪五六十年代，还是21世纪的今天，无论是在幼儿园，还是在高等教育学府，女性的成绩一直领先于男性，即使在数学和自然科学等男性传统优势学科领域也同样如此(Perkins et al., 2004)。这种学习上的优势并没有为女性赢得更多接受高层次教育的机会(Mickelson, 1989)，这一状况在偏远和农村地区尤其如此。可见两性受教育程度的差异并不是源于生理上的差异，而是受外部社会和经济条件的影响(Huber, 2008)。

对于教育的性别不平等现象最常见的解释有两种。一种解释认为中国传统的父权制文化规范和观念制约着女性的受教育状况。农业社会男性由于生理上的优势逐渐掌握了社会发展的话语权，成了家中女性的主宰(吕红平，2010)，并形成了"男主外、女主内"的社会分工模式。这就造成一种等级格局，在分配资源时，男性总是占据着最好的位置，而女性永远都处于男性后面(佟新，2008)。这一资源分配模式作为农业社会普适的价值观被普遍接受，即便身处劣势的女性也欣然认同依附于男性的生存法则。这种造就性别不平等的制度和文化观念作用于教育领域具体又体现在以下三个方面(吴愈晓，2012)：首先，是对女性直接的歧视。这表现为把女性的社会角色定位为照顾男性生活起居的附属物，因此不需要接受过多的教育。其次，在分配家庭教育资源时的性别态度，大都以男性为主，为了儿子可以举债供其读书，女儿则会选择不了了之(叶文振，2007)。最后，父权制文化在子女尤其是女性社会化过程中内化为其固定观念，降低自身受教育意愿，自动放弃继续接受教育的机会。几千年传统性别文化在人们意识深处烙上了性别不平等的烙印，并发展成为一种强大的心理惯性和社会习俗影响着教育性别平等的进程（吕红平，2010）。国家关于性别平等的宣传大多在城市中进行的，因此城镇女性在家庭和事业上男女平等的意识十分强烈（佟新，2008；吕红平，2010）。相比之下，农村女性对于男女平等的认知和追求都要弱得多。这进一步奠定了城乡地区教育获得性别平等进程的差异。

在此基础上，本部分提出如下研究假设。

假设 4.1：农村地区的教育性别不平等现象高于城市地区。

对教育性别不平等现象的另一种解释认为性别的不平等程度取决于经济的发展程度。基于全球 60 多个国家的研究表明，世界范围内性别不平等程度的降低和全球经济的发展息息相关，发展中国家教育性别差距比发达国家更为严峻的原因也大都归结于发展中国家相对落后的经济发展状况（Song & Appleton, 2006）。

基于我国的现实情况，可以从宏观、中观、微观三个层面去深入了解经济对教育性别不平等的影响。从宏观层面来说，国内经济的快速增长可以提供更多的优质教育资源。在过去三十年经济形势一片大好的局面下，国家有充足的财力提供教育资源，使更多的人接受正规的学校教育。这一举措培养的人才在为人父母后反过来又会对教育业更加重视且有足够的能力送子女进入学校接受更好的教育（Zeng et al., 2014）。随着国家对各个层次学校建设数量和质量的提升，越来越多的学生拥有了进入学校学习的机会，女性也不例外。这在很大程度上提高了女性的受教育水平，并缩小了与男性的差距。

中观层面的分析，进一步验证了经济发展对教育性别不平等的影响作用。基于县级社会经济特征对男女受教育年限的作用研究发现，县内城乡收入差距越大，农村女性的教育劣势越明显。如果一个地区社会经济均衡发展、产业结构优化升级情况比较好，男女教育差距往往不会太大。地区经济发展状况会降低户口以及家庭性别偏好等因素对性别不平等的影响（牛建林、齐亚强，2010）。

具体到家庭微观层面，经济的决定作用同样适用。与城镇地区相比，农村地区的性别不平等更为严重。越是社会经济地位（以父亲的职业作为衡量标准）低的家庭群体，性别不平等现象越突出（李春玲，2009，2010）。在面临家庭内部资源分配时，父母受家庭经济状况制约会明显偏向家中男孩。这不仅仅是因为男孩承担着家庭中养老的责任，更是由于接受相同的教育，男性相比女性拥有更高的收入，更容易让人看到教育投资的回报。这一现象在社会经济地位较高或城镇家庭中较少出现,也跟这些家庭大都有完善的社会保障,养儿防老的需求较弱有关(郑磊,2013)。

另外,父母的受教育水平也在一定程度上决定了教育资源能否在子女之间平等分配。教育程度越高的居民越可能拥有更加包容的性别态度和观念,更主张性别平等,而低学历层次的人则更容易受传统观念的束缚,重男轻女现象也更严重(吴愈晓,2012)。

基于以上分析,提出如下研究假设:

假设4.2:家庭社会经济地位越低的阶层,其子女教育的性别不平等现象越严重。

假设4.3:父亲受教育程度越低的群体,其子女教育的性别差距越大。

第二节 数据分析及结果

数据分析包括基本的描述性分析和OLS线性回归模型。

一、变量的描述性分析

由于本研究以武汉市社会综合状况调查为主分析数据,因此变量的基本描述性分析只列出了武汉市数据的变量情况。

表4.1 主要变量的描述性分析

变量	均值	标准差	最小值	最大值	有效样本量
本人受教育年限	10.81	4.19	0	19	1877
性别(女性=1)	0.540	0.499	0	1	1878
城乡(农村=0)	0.526	0.499	0	1	1878
父亲职业(管理者和负责人=1)	0.143	0.351	0	1	1878
父亲受教育年限	7.876	4.683	0	19	1878

二、数据分析结果

图4.1显示了从1944年以来武汉市居民教育获得的城乡差异和性别差异。整体上来看,虽然武汉市居民的受教育状况一直存在着性别差异,但比城乡的不平等程度要小得多。城乡居民间的受教育状况一直保持着极大差异,虽然中

华人民共和国成立后有逐渐缩小的趋势，但总体进程比较缓慢。从 1989 年开始城市平均受教育年限进入稳定的发展状态，乡村居民受教育程度仍保持较大幅度的正向增长，致使城乡间的教育年限差进一步缩小。教育性别差距最大的阶段是在 1949—1959 年这十年间，而后自 1974 年开始一直保持着平行增长状态。

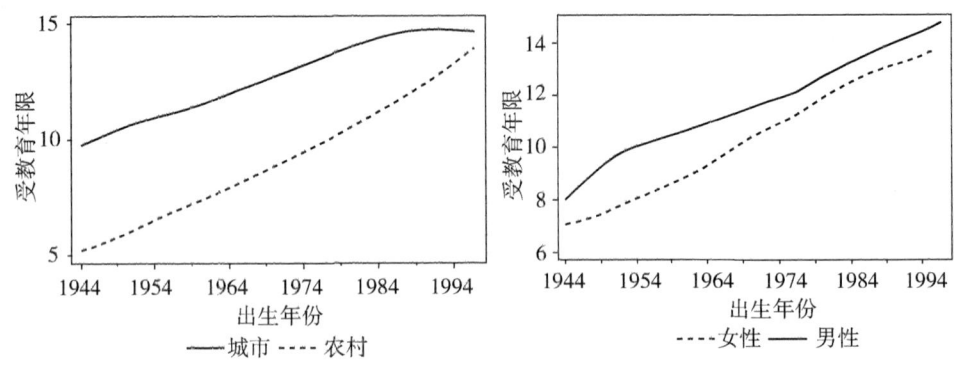

图 4.1 受教育年限的城乡和性别差异

表 4.2 是影响居民受教育年限的各个因素及其解释力大小的线性回归模型。由于性别、城乡、出生年份等人口学信息是影响人们教育获得的主要因素。因此模型 1 到模型 3 逐次纳入被访者的人口学信息，以考察各个因素对因变量方差解释力的大小。模型 4 在模型 3 的基础上加入了父亲职业和父亲受教育程度等家庭背景变量。模型 5 到模型 7 分别添加了性别和城乡交互项、性别和父亲职业交互项、以及性别和父亲受教育程度交互项。

模型 1 到模型 3 所有自变量对因变量的作用力都在 $p<0.001$ 水平上显著。模型 1 中只纳入性别自变量，性别变量对模型的解释力只有 2%，即性别对居民受教育年限造成的差异只占到 2%的比例。总体来看，男性比女性平均多接受 1.2 年的教育。模型 2 添加了城乡因素后，模型解释力增加了 18.3%。在控制了性别因素后，城市居民受教育年限比农村居民平均高出 3.6 年。模型 3 进一步验证了图 4.1 显示的我国居民受教育年限逐年提高的结论。在控制了性别和城乡地域因素后，同期群的出生年份越接近现代，其受教育年限越长。1982 年以后出生的居民比中华人民共和国成立前后出生的居民平均受教育年限增加了近 5 年，可见中华人民共和国成立后我国居民的受教育状况有了质的飞跃。同期群自变量的加入使模型的解释力提升了 20.7%。中华人民共和国成立后

的教育政策不是稳定延续的，中间经过了断裂和改革。因此，不同同期群之间的教育状况无论是在质量上还是数量上都有很大差异。

表 4.2　　　　　　　　　　教育成就的线性回归模型

	模型1	模型2	模型3	模型4	模型5	模型6	模型7
性别	-1.201***	-1.175***	-1.312***	-1.211***	-0.301	-1.352***	-2.575***
（女性=1）	(0.192)	(0.173)	(0.149)	(0.179)	(0.244)	(0.195)	(0.345)
城乡		-3.581***	-3.759***	-3.005***	-1.985***	-3.031***	-3.019***
（农村=1）		(0.173)	(0.149)	(0.195)	(0.270)	(0.196)	(0.193)
同期群（以1957年前出生为参照）							
1958—1965			1.303***	1.136***	1.246***	1.115**	1.188***
			(0.226)	(0.337)	(0.333)	(0.337)	(0.334)
1966—1973			1.842***	1.533***	1.585***	1.552***	1.576***
			(0.236)	(0.326)	(0.322)	(0.326)	(0.323)
1974—1981			3.811***	2.900***	2.975***	2.923***	2.954***
			(0.251)	(0.334)	(0.330)	(0.333)	(0.331)
1982—1997			4.828***	4.047***	4.190***	4.071***	4.108***
			(0.203)	(0.312)	(0.309)	(0.312)	(0.310)
父亲职业				1.020***	1.146***	0.593	0.997***
（负责人和中高技术职称=1）				(0.272)	(0.269)	(0.360)	(0.269)
父亲受教育年限				0.163***	0.156***	0.159***	0.068*
				(0.0248)	(0.0245)	(0.025)	(0.032)
性别×城乡					-1.914***		
					(0.355)		
性别×父亲职业						0.885+	
						(0.491)	
性别×父亲受教育年限							0.173***
							(0.0377)
常量	10.26***	13.13***	5.975***	5.638***	5.110***	5.960***	4.970***
	(0.130)	(0.148)	(0.179)	(0.269)	(0.283)	(0.294)	(0.304)
N	1878	1878	1878	1878	1878	1878	1878
pseudo R^2	0.020	0.203	0.410	0.466	0.480	0.467	0.476

备注：括号内为标准差，$+ p < 0.10$，$* p < 0.05$，$**p < 0.01$，$***p < 0.001$

模型 4 纳入家庭背景因素后，父亲的职业和父亲受教育年限自变量多解释了因变量 5.6%的方差。父亲为党政领导人、企业负责人、中高技术职称者，其子女受教育年限比其他从业者子女平均高出 1.15 年。父亲受教育年限同样显著影响子女的受教育状况，父亲受教育水平多增加一年，子女的受教育年限平均提升 0.16 年。

模型 5 中性别和城乡的交互项系数为 -1.914，且在 $p<0.001$ 水平上显著，说明城乡之间确实存在显著的受教育年限的性别不平等现象。在添加交互项后，性别自变量变得不再显著，说明控制了年龄、同期群、父亲职业和父亲受教育年限等因素后，城市居民在教育方面不存在显著的性别差异。在控制了上述变量后，农村女性比男性平均少接受 2.215（-0.301-1.914=-2.215）年教育，两性受教育年限差异显著。"假设 4.1：农村地区的教育性别不平等现象高于城市地区"得到验证。

模型 6 纳入性别和父亲职业交互项后回归系数为正且在 $p<0.1$ 水平上显著，说明父亲职业确实能对子女受教育年限的性别不平等产生正向影响。父亲社会经济地位较低的家庭，子女的受教育不平等现象虽然存在但并不严重。添加交互项后，父亲职业主效应变得不再显著，说明父亲是否从事社会经济地位较高的职业并不能对儿子的教育状况产生影响。性别与父亲职业交互项系数说明父亲的职业地位对女儿受教育年限的影响比儿子大。控制其他因素后，如若父亲职位上升至中高层管理者或技术工作者，女儿的受教育年限就能提升 1.478（0.593+0.885=1.478）年。"假设 4.2：家庭社会经济地位越低的群体，其子女教育的性别不平等现象越严重"验证为真。

模型 7 添加性别和父亲受教育年限交互项目的是为了验证父亲学历对子女受教育年限的性别差异影响。性别主效应系数为 -2.575（$p<0.001$），说明在控制了其他因素的情况下，即便父亲没有接受过任何教育，男性也比女性平均多接受 2.6 年的教育。进一步说明了中国传统观念下家庭资源向男性集中的社会现实。交互效应系数为 0.173（$p<0.001$），效应显著说明父亲的受教育状况能明显影响其子女的受教育年限，且父亲对女儿的影响比对儿子的影响大。在同等条件下，父亲多接受一年教育对女儿教育年限的提升为 0.241（0.068+0.173=0.241）年。父亲受教育程度主效应回归系数为 0.068（$p<0.5$），说明父亲教育层次能明显影响儿子的受教育水平，父亲多接受一年教育，儿子的教育水平向上提升 0.068 年。"假设 4.3：父亲受教育程度越低的群体，其子女教育的性别差距越大"验证为真。

第三节 结论和讨论

本章考察了作为中部省会城市和高等教育资源位列全国第三的武汉市居民教育获得的性别不平等现象。

在传统父权文化和观念的影响下，当家庭资源不能满足所有子女的教育需求时，父母基于今后养老以及教育回报的考虑会把有限的资源集中在男性孩子身上，让其尽可能多地接受教育，这就造成了受教育年限的性别不平等。城镇居民相比农村居民视野更加开阔，社会保障体制也更加完善，受过良好教育的人大多聚集在城镇地区，以上种种原因导致城镇居民对性别平等的接受度更高，家庭在分配教育资源时也会秉持男女平等的态度。城乡二元发展体制框架同样造就了教育程度的二元性别不平等现象。武汉市数据毫无悬念地发现农村地区教育资源分配的性别不平等现象明显高于城市地区。

同样对教育的性别不平等现象产生影响的还有国家和地区的经济发展水平。改革开放后，随着我国经济的持续增长，国家不仅有能力提供丰富的教育资源，还实行了九年义务教育和高等教育扩招政策，这些措施都有力促进了我国居民受教育水平的普遍提高。城乡居民教育成就的巨大差异和教育的性别不平等现象也极大地得到了改善。聚焦到微观家庭层面，以父亲职业为代表的家庭社会经济地位和以父亲受教育年限为表征的家庭文化资本的提升也促使家庭资源在男孩和女孩间的分配更加公平。受教育程度高的父母思想更加开明，也具有强烈的性别平等观念。父亲职业地位低的家庭子女教育的性别差距比较大，父亲学历层次低的家庭女儿的教育也更容易遭到忽视。

虽然农业社会"重男轻女"的父权文化在人们思维意识里刻上了深深的烙印，但是经济的繁荣发展在一定程度上缓解了这种性别不平等现象。在国家良好的教育政策和家庭经济以及文化资本得到明显提升的情况下，女性的受教育状况有了很大改善，并大有在总体上超过男性的趋势(吴愈晓，2012)。但农村女性的受教育状况，尤其是九年义务教育以后中高教育层次的接受仍然值得我们关注和研究(Zeng et al., 2014)。

第五章 教育回报率的性别差异

本章在明瑟方程的基础上，把教育回报率的性别差异研究扩展到不同学历阶层和不同家庭背景对回报率性别不平等的扩大或缩小作用。

第一节 研究假设

教育回报率是指在排除年龄、性别、工作年限、职业、行业、单位等因素的影响后，就业者多受1年教育所带来的收入增长率（杜两省、彭竞，2010）。影响教育回报率的因素有很多。研究收入的经典模型明瑟（Mincer）方程经过多次实证研究证实除了教育，工作年限的长短（或是工作经验的多少）也在很大程度上决定着人们的收入。明瑟方程中的教育和工作经验因素一般被视为影响收入的人力资本因素[①]。除此之外，国内的学者发现男女两性所处的单位性质和所从事的职业也能影响他们的收入差距。在国有部门和非国有部门中都存在着收入的性别差异，只是表现的形式不同而已。在国有部门中，男女收入差距源于结构性因素，即职业差别。非国有部门中，收入不平等则更多地体现在个人人力资本的差异（吴愈晓、吴晓刚，2009）。许涛（2013）也发现，教育对收入的影响在很大程度上是通过选择就业部门、就业行业来实现的。反过来说，如果控制了单位性质和职业因素，两性的教育回报率应该呈下降趋势。在此基础上，提出本部分的第一组假设：

假设5.1a：教育程度和工作经验等人力资本因素能显著增大教育回报率的性别差异；

假设5.1b：职业和单位性质因素能够缩小教育回报率的性别差距。

女性在社会角色和社会分工中一直处于劣势地位，无论从平等接受教育角度还是从从事的职业和获得的收入角度分析，均可发现性别歧视在其中发挥的

---

① 吴愈晓，吴晓刚. 城镇的职业性别隔离与收入分层[J]. 社会学研究，2009，4: 88-111.

作用。城镇女性的受教育状况受性别歧视影响的比例占47.9%,这一比例在农村地区高达118.5%,加入家庭因素后,农村女性在教育上所受到的性别歧视不降反升(吴愈晓、黄超,2015)。在收入方面女性也普遍低于男性,即便按照"同工同酬"的原则也是如此,究其原因是不同的职业所造成的工资差异,这也是我国社会制度下一种特殊的性别歧视方式(吴愈晓、吴晓刚,2009)。随着教育程度提高,女性的教育回报率也在增加(袁晓燕,2007)。女性接受更多的教育会给自身带来收入和社会地位的提高,但即便如此,仍旧改变不了两性收入差距进一步拉大的事实。

在此基础上,提出本部分的第二组研究假设:

假设5.2a:教育程度越高,教育回报率的性别差异越大;

假设5.2b:女性教育回报率随着教育程度的提高而增加。

教育平等一直是缩小男女间教育差距的重要诉求,两性间收入差距的拉大很大一部分归结于两性在教育上的差距。自布劳—邓肯模型提出以后,家庭背景对子女受教育程度的影响成为人们关注的热点,经过几十年的发展,背景优越的家庭其子女的受教育程度往往也高已然成为社会共识。家庭背景因素深刻影响着子女的学历和今后的职业发展。与此相关,个人教育回报率的高低也被证实与家庭背景的优劣密切相关。实证研究发现中上层阶层家庭子女的教育回报率明显高于下层阶层子女的教育回报率(祁翔、周金燕,2015)。根据前文文献综述部分提到的收入高的群体男性的教育回报率高于女性(高梦滔、张颖,2007),由此延伸出本部分的第三组假设:

假设5.3a:优势阶层家庭子女教育回报率高于劣势家庭子女的教育回报率;

假设5.3b:优势阶层家庭子女的教育回报率的性别差异高于劣势家庭子女教育回报率的性别差异。

第二节 明瑟方程模型

对教育回报率的分析以著名的明瑟方程(Mincer Equation)为蓝本,并根据实际研究需要对方程进行扩展。明瑟方程的基本形式如下:

$$\ln W = b_0 + b_1 Edu + b_2 Exp + b_3 Exp^2 + \mu$$

明瑟方程中,$\ln W$是收入的自然对数,Edu是个体的受教育程度,用受教育年限来表示,Exp是工作经验,用工作年限来表示。方程中同时纳入工作经验的平方项,因为实证研究发现工作经验和收入并不是直线关系,二者呈倒U

形。随着工作经验的积累，人们的收入会逐步提高，但到了一定的年龄，随着劳动生产率达到顶峰，人们的收入又会逐渐减少，而后维持稳定状态。因此把工作年限的平方项纳入方程，用二次方程来表示这种关系更为准确。方程对教育求导，得到的教育系数 b_1 为教育每增加一年所带来的收入的增加量，也就是教育的回报率。μ 为随机误差项。

用明瑟方程计算教育回报率很容易出现遗漏变量的偏误问题（邓敏婕，2012），为了避免这个问题，根据本研究需要对明瑟方程进行扩展形成新的模型。

$$\ln W = b_0 + b_1 Edu + b_2 Exp + b_3 Exp^2 + b_4 Gen + b_5 Occu + b_6 Unit + b_7 Fedu + b_8 Foccu + \mu$$

新的模型中又加入了影响收入的其他变量。Gen 是性别，Occu 代表本人的职业，Unit 为单位性质，Fedu 表示父亲的受教育年限，Foccu 指的是父亲的职业。

第三节 数据分析及结果

本部分数据分析共分为三部分内容，第一部分是对所有变量的性别差异做 T 检验，分析在各个变量下性别差异是否显著；第二部分对教育回报率的性别差异做 OLS 回归分析，考察各个因素对教育回报率的影响作用；第三部分分析在不同的家庭背景下教育回报率的性别差异状况。

一、各自变量两性差异的均值分析

由表 5.1 可以看出，男女两性平均月工资存在巨大差距，男性平均月收入比女性高出约 2024 元，二者在 P<0.05 水平上差异显著。由于收入不属于正态分布型数据，在对月收入做了对数处理后，两性的收入差异指数扩大，能更准确地反映出男女两性在收入上的差距。

表 5.1 各变量均值及其性别差异

变量名	男	女	差异
月收入	5486.3	3462.7	2023.6*
月收入对数	8.20	7.88	0.32***
教育年限	11.98	11.25	0.98
工作经验	24.44	23.46	0.59

续表

变量名	男	女	差异
工作经验^2/100	7.67	7.08	0.73***
职业	0.16	0.22	-0.06
单位性质	0.2946	0.2873	0.007
父亲职业	0.150	0.1480	0.002
父亲教育年限	8.18	8.21	-0.03
样本数量	518	379	

备注：差异=男性平均值-女性平均值；
对每个自变量做双边 T 检验，*p<0.05；**p<0.01；***p<0.001。

总体来看，女性在受教育年限上只比男性少了将近 1 年时间，两者的差异并不显著。女性的工作经验与男性比起来只少了半年时间，二者之间的差异也可以忽略不计。但在把工作经验做了平方处理以后，两性工作年限的差异开始拉大，并且在 p<0.001 水平上呈现统计意义上的显著。说明在参加工作一段时间后，越接近事业高峰期，女性在工作上与男性的差距越明显。职业方面，女性得分高于男性，虽然二者差异并不显著，仍显示出在武汉地区女性从事高级管理人员和中高级技术人员的人数虽然不及男性多，但职业地位并不比男性低。从单位性质变量考虑，男女两性在国有企业工作的比例基本相同，没有太大差异。除了本人工作经验和教育程度的性别差异不显著外，在家庭背景方面，两性之间的差别也不大，几乎可以忽略不计。

二、各因素对教育回报率性别差异的 OLS 回归分析

表 5.2 是影响教育回报率的性别、人力资本、职业和单位性质、家庭背景等因素的 OLS 分析。表中共有四个模型，属于嵌套关系，模型 1 只考察性别对收入的影响作用，模型 2 中添加了教育和工作经验等人力资本因素，模型 3 进一步纳入职业和单位性质等跟本人社会经济地位相关的变量，模型 4 中又纳入了父亲的职业和受教育程度等家庭背景变量。每一个模型中变量的添加都是为了考察新变量对教育回报率性别差异的贡献率。

表 5.2　　各因素对教育回报率性别差异的影响作用

	模型 1 性别效应	模型 2 性别+人力资本 （教育、工作经验）	模型 3 性别+人力资本 +职业性质	模型 4 性别+人力资本+ 职业性质+家庭背景
性别	-0.321***	-0.357***	-0.342***	-0.330***
	(0.0507)	(0.0491)	(0.0526)	(0.0619)
教育年限		0.0275***	0.0192+	0.0218+
		(0.00816)	(0.00990)	(0.0126)
工作经验		0.0370***	0.0381***	0.0321**
		(0.00835)	(0.00887)	(0.0105)
工作经验2/100		-0.105***	-0.106***	-0.0888***
		(0.0188)	(0.0201)	(0.0250)
职业			0.0989	0.0969
			(0.0700)	(0.0798)
单位性质			0.0690	0.0499
			(0.0610)	(0.0714)
父亲职业				0.0599
				(0.0915)
父亲教育年限				-0.0126
				(0.00895)
常量	8.203***	7.716***	7.761***	7.849***
	(0.0328)	(0.148)	(0.163)	(0.207)
pseudo R^2	0.048	0.128	0.114	0.089

备注：括号内为标准误

+$p<0.10$，* $p<0.05$，**$p<0.01$，***$p<0.001$

模型 1 只考察性别对收入的贡献率，性别系数为负且在 $p<0.001$ 水平上呈现差异显著说明女性的收入水平明显低于男性。性别因素解释掉收入 4.8% 的方差。模型 2 中添加人力资本因素后，对收入解释的贡献率增加到 12.8%，收入的性别差异扩大了 11.2%（[-0.357-(-0.321)]/(-0.321)=0.112）。"假

设 5.1a：教育程度和工作经验等人力资本因素能显著增大教育回报率的性别差异"得到验证。在控制了其他因素后，职业和单位性质对性别收入差异缩小的贡献率为 $4.3\%([-0.342-(-0.357)]/(-0.357)=-0.043)$。因此"假设 5.1b：职业和单位性质因素能够缩小教育回报率的性别差异"通过验证。虽然家庭背景因素对收入的影响作用并不显著，但降低了 $3.5\%([-0.330-(-0.342)]/(-0.342)=0.035)$ 的性别差异。对收入的性别差异影响最大的是教育和工作经验因素，职业、单位性质以及家庭背景则从一定程度上弥补了女性在性别上的劣势地位。也就是说处在相同单位，从事相同职业的女性在收入上与男性差异不大。模型 2 中显示总体的教育回报率为 2.75%，添加自身职业因素后降为 1.92%，在家庭背景作用下又升至 2.18%。说明职业区隔降低了教育的收入效应，家庭背景则对这一趋势进行了弥补。

表 5.3 中用教育层次替代表 5.2 中的教育年限变量，教育层次分为小学及以下、初中、高中/中专/职高技校、大学及以上四类，以小学及以下学历层次为参照群体。模型分了全样本模型、男性样本模型和女性样本模型三部分来分析教育回报率的两性差异。全样本模型中，并没有出现层次越高教育回报率就越高的情况，教育回报率最高的是初中学历层，回报率高达 25.9%，高中学历层次之，大学及以上学历的教育回报率最低，只有 2.43%，但各个学历层与小学及以下参照组相比并不具有统计意义上的显著性。男性样本各个学历层的教育回报率有显著差异，但仍然以初中学历层的教育回报率最高，大学及以上教育程度的回报率最低，总体趋势与全样本模型一致。但值得一提的是，无论受教育程度如何，男性的教育回报率与小学及以下群体比均为负值。这说明，对于男性来说，脑体倒挂的现象仍然十分突出。在女性样本中，这一趋势有了明显变化，虽然与参照群体比起来，各个学历层的教育回报率差异并未达到统计意义上的显著度，但数据结果显示，对于女性来说，随着学历层次的提升，教育回报率呈现逐渐上升的态势，接受的教育越多教育回报率越高。高等教育的回报率达到了 36.3%。教育回报率的性别差距在四个学历层中最高的是大学及以上学历层，为 $1.075(-0.712-0.363=-1.075)$，教育回报率两性差异最低为初中学历层，为 $0.9827(-0.920-0.0627=-0.9827)$。"假设 5.2a：教育程度越高，教育回报率的性别差异越大"验证为真。"假设 5.2b：女性教育回报率随着教育程度的提高而增加"验证为真。

表 5.3　　　　　　　　　不同样本的教育回报率差异

	全样本模型	男性样本	女性样本
性别(女性=1)	-0.343***	——	——
	(0.0624)	——	——
教育程度			
初中	0.259+	-0.920**	0.0627
	(0.156)	(0.295)	(0.167)
高中/中专/职高	0.171	-0.821**	0.184
	(0.159)	(0.297)	(0.176)
大学及以上	0.0243	-0.712*	0.363+
	(0.172)	(0.310)	(0.195)
工作经验	0.0333**	0.0350*	0.0311*
	(0.0105)	(0.0150)	(0.0142)
工作经验2/100	-0.0933***	-0.101**	-0.0831*
	(0.0252)	(0.0356)	(0.0345)
职业	0.0701	0.188	-0.0831
	(0.0811)	(0.121)	(0.103)
单位性质	0.0408	0.0150	0.0892
	(0.0716)	(0.103)	(0.0968)
父亲职业	0.0645	0.0792	0.0522
	(0.0911)	(0.126)	(0.129)
父亲教育年限	-0.0126	-0.00993	-0.0164
	(0.00901)	(0.0129)	(0.0119)
常量	8.255***	8.872***	7.631***
	(0.195)	(0.328)	(0.229)
pseudo R^2	0.093	0.049	0.048

备注：括号内为标准误

+ $p<0.10$, * $p<0.05$, ** $p<0.01$, *** $p<0.001$

三、不同家庭背景下教育回报率的性别差异

表5.4是不同家庭背景教育回报率的性别差异分析,为了从总体考察教育回报率的家庭差异,采用了两种教育变量,一种是教育年限,另一种是教育层次。从教育年限变量来看,父亲为高级管理人员和中高级技术人员的人的教育回报率高于其他从业者的子女。父亲职业地位较高的人的平均教育回报率为 5.69%,相比父亲职业地位较低的人高出 3.89%。"假设 5.3a:优势阶层家庭子女教育回报率高于劣势家庭子女的教育回报率"通过验证。

出生于优势阶层家庭的子女,无论是男性还是女性,教育回报率都要高于底层阶层家庭的子女。不同阶层男性教育回报率的差距为 5.4%(0.0635 - 0.00908 = 0.05442),女性教育回报率差距为 6.04%(0.0709 - 0.0105 = 0.0604)。无论是优势阶层家庭还是劣势阶层家庭,女性的教育回报率均高于男性。优势阶层内部教育回报率的性别差异为 0.74%(0.0709 - 0.0635 = 0.0074),劣势阶层内部教育回报率的两性差异为 0.14%(0.0105 - 0.00908 = 0.00142)。优势阶层教育回报率的性别差异大于劣势阶层。因此,"假设 5.3b:优势阶层家庭子女的教育回报率的性别差异高于劣势阶层家庭子女教育回报率的性别差异"验证为真。

表5.4　　　　　　　家庭背景①的教育回报率性别差异

教育回报率	父亲为高级管理人员和中高级技术人员			父亲为其他从业者		
	全样本	男性样本	女性样本	全样本	男性样本	女性样本
教育年限	0.0569+	0.0635	0.0709	0.0180	0.00908	0.0105
	(0.0296)	(0.0396)	(0.0456)	(0.0112)	(0.0155)	(0.0155)
初中	-0.324	——	-0.165	-0.202	-0.770***	0.0418
	(0.595)	——	(0.587)	(0.128)	(0.197)	(0.157)
高中/中专	0.214	0.614	0.161	-0.0863	-0.633**	0.110
	(0.563)	(0.417)	(0.566)	(0.128)	(0.197)	(0.162)
大学及以上	0.452	0.882+	0.290	-0.00742	-0.579**	0.132
	(0.587)	(0.448)	(0.602)	(0.142)	(0.213)	(0.185)

备注:括号内为标准误

+ $p<0.10$,* $p<0.05$,** $p<0.01$,*** $p<0.001$

---

① 家庭背景自变量操作化为父亲的职业地位和父亲的受教育程度。在分家庭背景和分性别考察教育回报率时,为了删繁就简,仅选取父亲职业作为家庭背景的衡量标准。

值得一提的是，从教育阶层来看教育回报率，父亲职业地位较高的家庭无论在哪个教育层次，子女的教育回报率系数除了全样本模型中初中教育阶段，其余全部为正值，随着受教育层次的提高，教育回报率也随之增加，大学及以上学历层次教育回报率最高。分性别来看，优势阶层家庭子女的男性教育回报率随着学历层次的提升大幅提高，并远远高于同阶层女性的教育回报率。两性在高中及同等学历阶段的教育回报率差异为 45.3%（0.614-0.161=0.453），到了大学及以上阶段增至 59.2%（0.882-0.290=0.592）。对于劣势家庭来说，子女的教育回报率系数在全样本模型和男性样本模型中为负，只有女性样本的教育回报率为正。男性各学历层次教育回报率显著区别于小学及以下群体，且教育回报率随着教育阶段的上升而增长。女性教育回报率系数为正，多接受教育对于劣势阶层家庭的女性来说能够带来正向的回报率，接受的教育越多，教育回报率也越高。

第四节 结 论

本章从三个部分考察武汉地区教育回报率的性别差异。第一部分考察影响教育回报率两性差异的因素以及各个因素作用力的大小；第二部分采用总体分析和分样本具体分析的方式分别考察全样本和男、女性样本的教育回报率以及两性教育回报率的差距；第三部分则分析在不同家庭背景下男、女两性的教育回报率及其差距的变化。

武汉地区男性平均月工资比女性高出 2024 元，差异显著。全样本模型显示性别差异解释了 4.8% 的收入差异。受教育程度和工作经验因素致使两性的收入差距扩大了 11.2%。但在添加了自身职业和单位性质等因素，以及以父亲职业和父亲受教育水平为代表的家庭背景变量后，虽然以上因素并未显示出统计意义上的显著性，但仍然起到了缩小两性收入差距的作用。数据分析结果表明经典明瑟方程中的教育程度和工作经验等人力资本变量能明显扩大教育回报率的性别差异。自身职业和单位性质变量虽然缩小了两性之间的收入差距，却扩大了两性的教育回报率差异。纳入所有变量后总模型中的教育回报率为 2.75%，单位性质和职业可以有效降低两性间的教育回报率差距，家庭背景则通过对子女的职业选择和教育投入等途径整体上影响子女的教育回报率。优越的家庭环境虽然极大地提升了女性的教育回报率，但在男性教育回报率得到更大幅度提升的情况下，随着教育层次的提升，两性的教育回报率差距处于逐步拉大的趋势。

第四节 结 论

从总体上来看，我国居民收入还未完全从"脑体倒挂"的畸形发展中恢复过来。加之高等教育扩招的时间不长，拥有大学学历的人在社会中所占的比例还比较小，教育回报率并未随着教育程度的提升而呈现增长的趋势。教育回报率最高的学历阶层是拥有初中学历的群体，大学学历的教育回报率则是最低的，只有2.43%。从分性别样本来看，男性的教育回报率虽然是学历越高，回报率也相应越高，但教育回报率的系数为负。女性则相反，不仅教育回报率随着学历的提高而有所增加且系数为正。因此接受更多的教育对于女性来说意味着更高的收入，这对于女性地位的提升有着重大意义。虽然教育提高了女性的收入和教育回报率，但同时也拉大了与男生收入的差距。教育程度越高，教育回报率的性别差距越大。

虽然家庭背景因素对教育回报率的两性差异并不具有统计意义上的显著性，但也能窥得不同家庭背景下，男女两性的教育回报率的具体情况。优势阶层家庭子女的教育回报率高于劣势阶层家庭子女的教育回报率，前者为5.69%，后者仅为1.8%，二者差距将近4%。虽然从武汉市的样本来看，优势阶层和劣势阶层内部教育回报率的性别差异并不大，但前者仍然仍比后者高出0.6个百分点。优势阶层家庭子女的教育回报率的性别差异高于劣势家庭子女教育回报率的性别差异。另外，对于优势阶层来说，接受的教育越多，教育回报率越高，二者呈现正相关。男性、女性皆如此，并且大学学历的教育回报率最高。只是女性的教育回报率一直低于男性。无论是全样本还是男性样本，劣势阶层的教育回报率都呈现负值，说明对于生活在底层的家庭来说接受教育后所得收入还弥补不了教育的成本。所幸女性样本的系数为正，并且女性接受的教育越多，教育的回报率越高。再次说明要加大对女性教育的投入，从多渠道提升女性升学的路径，这样才能从根本上提高女性的社会地位。

第六章　教育对就业影响的性别差异

本章主要分析教育如何影响两性的就业选择。就业具体操作化为职业、工作性质、单位性质三个变量。职业主要显示工作是否属于领导阶层，工作性质则主要分析是否需要专业技能，单位性质则是为了区分党政机关企事业单位和其他私有企业。领导阶层、需要专业技能、在党政机关企事业单位的工作无论是工资待遇还是其他福利都比其他单位及不需要专业技能的一般工作要好得多。以这三个变量为代表的就业折射出社会经济地位的高低。具体分析时，先对总体是否有工作、有工作女性的学历层次、工作的职业状态、工作性质、单位性质进行描述性分析。然后，运用二元逻辑斯蒂回归分析的方法分别考察影响男女两性有无工作的因素有哪些？教育是如何影响女性对职业阶层、工作性质、单位性质的选择？

第一节　研究假设

教育被公认为是实现社会阶层向上流动的重要方式（刘精明，2005；方长春，2005），它对人们社会经济地位的提升作用主要是通过职业选择的途径进行。越是发达的工业社会，教育对职业的影响越大；工业化程度越高，父母的社会经济地位对子女教育机会获得的影响越小（Treiman，1970）。在此基础上提出本部分的前两个假设：

假设6.1：教育是决定人们能否就业的主要因素，但教育不能对男女两性是否工作产生显著差异；

假设6.2：存在着职业阶层分布的性别差异，其中教育对女性职业地位获取的影响作用大于男性。

国内外对高等教育对于职业获得影响的研究，经历了从高等教育对职业获得没有显著性影响到有显著性影响进而到结构性影响的发展过程（朱生玉、白杰，2011）。大家普遍认可专业技能较强的工作只有接受过正规相关教育的人才能胜任。中高级技术性工作不仅意味着稳定的收入、良好的工作环境和较高的职业地位,还意味着在劳资博弈中更多的主动权和更多的选择性(蒋亚丽,2015)。虽然有些技术性工作如社区医生、护士、乡村律师等专业性很强的职业没有接受过正规专业培训的人也能胜任,但不可否认随着我国九年义务教育普及和高等教育的扩展,在这些工作中非正规学校培养出来的从业人员正在被逐步淘汰。很多事关国家和行业发展的高精尖技术工作只有接受过高等教育的人才能胜任。即便是没有接受过大学教育,只有高级中等学历的人,也普遍比只有初中学历的人在培训中的接受能力更强一些,且职业发展前景也更好。为了具体考察受教育程度对从事技术性工作影响的性别差异,提出本部分的第三个研究假设:

假设6.3:受教育程度和技术性工作的从事紧密相关,即学历层次越高,从事技术性工作的可能性越大。教育对工作性质的影响存在性别差异,其中教育对女性工作性质的影响作用大于男性。

改革开放以前的单位制是中国特有的一种组织特色,它决定着人们的社会交往范围、经济地位和政治权利(Walder, 1986)。个人的所有事务都可以依靠组织解决,这种现象被称为"组织依附"。随着改革开放的到来,单位制在市场经济的冲击下逐步得到解体,很多国有企事业单位不再享受国家财政支持,进入"自负盈亏"的自主轨道(Xie, Lai & Wu, 2009)。先前所谓的"铁饭碗"也不复存在。尽管如此,谢宇等人(Xie, Lai & Wu, 2009)的研究发现单位制在员工的福利和工资待遇方面依然起着决定性作用,同时单位制对员工的社会经济地位也具有统计意义上的显著性。党政机关和企事业单位仍然是人们就业的第一选择,在职位供给大于需求的情况下这些单位的人才选拔标准也水涨船高,对求职者的学历也有了很高要求。在此基础上,提出本部分的第四个假设:

假设6.4:教育对人们就业的单位性质产生显著影响,教育程度高的人更容易进入党政机关和企事业单位工作。教育对单位性质的影响存在性别差异,其中对女性的影响作用大于男性。

第二节 模型建立

本章要考察的因变量是有无工作、是否中上职业阶层、是否从事技术性工作、是否党政机关企事业单位,均为二分变量,因此采用二元逻辑斯蒂回归模型进行分析。

设因变量 Y 仅有两个状态,它们分别以 0 和 1 两个值表示。那么设有 k 个因素 $x_1, x_2, \cdots, x_k$ 影响 Y 的取值,则二元 Logistic 回归模型为

$$\ln(Y) = \beta_0 + \beta_1 X_1 + \cdots + \beta_k X_k$$

其中，β_0，β_1，…，β_k 是待估的未知参数。

根据本研究需要，把二元 Logistic 回归模型分别设定为两个模型，模型 1 和模型 2。模型 1 为全样本模型，模型 2 为分样本模型，二者的区别是模型 2 中少了性别自变量。

$$\ln(Y) = \beta_0 + \beta_1 X_1 + \beta_2 X_2 + \beta_3 X_3 + \beta_4 X_4 + \beta_5 X_5 \quad （模型 1）$$

其中，Y 为本章需要考察的四个二分变量。X_1 表示性别，X_2 表示年龄，X_3 表示城乡，X_4 表示父亲职业，X_5 表示父亲受教育水平，X_6 表示自身受教育水平。β_0 为常数项，β_1，β_2，β_3，β_4，β_5 分别是待估的性别、年龄、城乡、父亲职业、父亲受教育水平、自身受教育水平的参数。

$$\ln(Y) = \beta_0 + \beta_2 X_2 + \beta_3 X_3 + \beta_4 X_4 + \beta_5 X_5 \quad （模型 2）$$

模型 2 少了 $\beta_1 X_1$ 性别变量。对模型 1 和模型 2 求导，系数 e^{β_5} 即为教育对因变量影响力大小。

第三节 数据分析及结果

数据分析先对相关变量进行了简单的描述性分析，然后按照四个因变量分为四个逻辑斯蒂回归方程进行性别差异分析。每个逻辑斯蒂回归方程又包含三个模型，分别是全样本模型，女性样本模型和男性样本模型进行对比分析。

一、相关变量的描述性分析

表 6.1 是对是否有工作的性别差异的一个简单描述。被访者男性中有工作的占到 68.25%，女性中这一比例仅为 48.72%。总体来说，女性就业率低于男性。

表 6.1　　　　　　　　　　　有无工作的性别差异

	男	女
有工作	68.25	48.72
没工作	31.75	51.28
总计	100.00	100.00

单独分析女性样本会发现有工作的女性学历分布比较均衡，受过高等教育

的群体所占比例最大，达到27.64%。而在没有工作的女性中，拥有大学学历的比例反而是最小的，比小学及以下学历群体的比例还要低，只有18.53%。

表6.2　　　　　　　　　　女性有无工作的学历差异

受教育水平	有工作	没有工作
小学及以下	23.58	21.43
初中	24.19	29.34
高中/中专/职高/技校	24.59	30.69
大学及以上	27.64	18.53
总计	100.00	100.00

虽然女性的从业比例小于男性，但女性从业者中从事中高领导和技术阶层职业的比例占到了全部女性的21.05%，高于男性16.07%的比例。

表6.3　　　　　　　　　　职业的性别差异

	男	女
中高职业阶层	16.07	21.05
一般职业阶层	83.93	78.95
总计	100.00	100.00

没有退出劳务市场女性的职业阶层基本和教育程度呈正比。从事领导和中高技术职业的女性中，有76.06%的人受过高等教育。其次是高级中等教育层，也占了18.31%。初中以下学历的女性也有做到职业中高层的，但比起高级中等学历差距较大。充分说明，女性的职业发展直接和受教育程度挂钩。受教育程度越高，人生发展越好。

表6.4　　　　　　　　　　女性职业层次的学历差异

受教育水平	中高职业阶层	一般职业阶层
小学及以下	2.82	13.33
初中	2.82	27.41
高中/中专/职高/技校	18.31	35.19
大学及以上	76.06	24.07
总计	100.00	100.00

关于从事技术性工作的性别差异分析显示，男性从业者中工作性质属于中高专业技能工作的占到了61.80%，只有38.2%的人从事半技术半体力工作或是单纯的体力劳动工作。女性从业者工作性质的比例分配与男性相差不大，从事技术性工作的比例达到62.08%，略高于男性61.80%的比例。这或许跟男女生理性别有关，女性由于身体不如男性强壮，很少从事需要体力劳动的工作。

表6.5　　　　　　　　　　从事技术性工作的性别差异

	男	女
技术性工作	61.80	62.08
非技术性工作	38.20	37.92
总计	100.00	100.00

女性由于先天身体劣势原因，从事体力劳动的人数比男性少，但仍有一部分女性迫于生计不得不从事半技术半体力劳动或完全体力劳动。从学历层次来看，从事技术性工作的女性，50%是大学毕业生，其次是高中学历群体，占到了29.41%。从事技术性工作比例最小的是没有受过太多教育的小学及以下学历群体。这种学历结构也跟技术性工作一般需要较多的正规学校教育和较强思维能力有关。从事非技术性工作的女性中大学及以上学历所占比例最小，只有10.27%。

表6.6　　　　　　　　女性从事技术性工作的学历差异

受教育水平	技术性工作	非技术性工作
小学及以下	3.36	23.97
初中	17.23	33.56
高中/中专/职高/技校	29.41	32.19
大学及以上	50.00	10.27
总计	100.00	100.00

从单位性质来看，男女性别差异依旧不明显。在党政机关和国有企事业单位中工作的男性和女性比例分别为28.60%和28.57%。

表 6.7　　　　　　　　单位性质的性别差异

	男	女
国有企事业单位	28.60	28.57
其他单位	71.40	71.43
总计	100.00	100.00

女性工作单位性质的学历分布显示出和职业、工作性质类似的结构。在党政机关和国有企事业单位工作的女性中，拥有大学及以上学历文凭的占到了68.22%，其次是高级中等学历，也占到了19.63%的比例，两者形成巨大差距。

表 6.8　　　　　　　女性工作单位性质的学历差异

受教育水平	国有企事业单位	其他单位
小学及以下	4.67	13.70
初中	7.48	30.37
高中/中专/职高/技校	19.63	33.70
大学及以上	68.22	22.22
总计	100.00	100.00

二、教育对是否参与工作影响的性别差异分析

表 6.9 是教育是否影响两性工作参与的二元逻辑斯蒂回归模型。全样本模型显示，对于是否有工作性别因素有着显著差异。男性有工作的几率是女性的 3.79($e^{1.332}$, $p<0.001$)倍。年龄对是否拥有工作也有显著差异，年龄系数为证，年龄平方系数为负，说明年龄与是否有工作呈倒 U 形结构，年龄太小和年龄太大的人都没有工作，这与实际情况向吻合。城乡因素在 $p<0.05$ 水平上显著，说明城乡因素也是影响是否有工作的重要因素之一。生活在农村里的居民有工作的几率是城市居民的 1.48($e^{0.392}$, $p<0.05$)倍。这并不是说农村居民比城市居民好找工作，而是因为农村居民大多拥有田地，他们把干农活视为工作，活到老干到老。城市居民因为退休后就不再工作，因此总体看来农村居民比城市居民拥有工作的几率还高。只接受过九年义务教育的群体，有工作的几

率反而是小学及以下学历群体的 0.494（$e^{-0.705}$，$p<0.05$）倍。大学及以上学历群体工作状况虽然与低学历群体比差异并不显著，但拥有工作的几率仍然小于低学历群体。性别、年龄、城乡等人口学因素共同解释了因变量 18.23% 的方差。教育程度对是否有工作的影响不大。以父亲职业和受教育年限为代表的家庭背景因素没有对是否有工作产生统计意义上的显著性。

表 6.9　教育对是否工作性别差异影响的二元 Logistic 回归模型

	全样本模型	女性样本模型	男性样本模型
性别（女性=1）	-1.332***		
	(0.181)		
年龄	0.415***	0.380***	0.501***
	(0.037)	(0.348)	(0.516)
年龄平方	-0.005***	-0.005***	-0.006***
	(0.0004)	(0.338)	(0.450)
城乡（农村=1）	0.392*	0.116	0.132
	(0.178)	(0.338)	(0.450)
父亲职业（中高级从业者=1）	-0.439	-0.572	-0.285
	(0.281)	(0.384)	(0.430)
父亲受教育年限	0.0215	0.060*	-0.0585
	(0.0205)	(0.0355)	(0.0490)
个人受教育程度（以小学及以下为参照）			
初中	-0.705*	-0.265	-1.539*
	(0.377)	(0.429)	(0.873)
高中/中专/职高技校	-0.0945	-0.321	1.206
	(0.393)	(0.446)	(0.920)
大学及以上	-0.0511+	-0.136	0.415
	(0.414)	(0.487)	(0.893)
常量	-5.836***	-6.799***	-6.182***
	(0.440)	(0.472)	(0.904)
N	770	419	351
pseudo R^2	0.1823	0.1206	0.2117

括号内为标准误
+ $p<0.10$，* $p<0.05$，** $p<0.01$，*** $p<0.001$

对比分析女性样本和男性样本可以发现，年龄对男性是否有工作的影响大于女性，年龄每大一岁，男性处于工作状态的几率增加 0.65（$e^{0.501}-1$，$p<0.001$）倍，而女性只增加 0.462（$e^{0.380}-1$，$p<0.001$）倍。教育对女性就业和男性就业均不产生影响。与男性稍有不同的是，女性是否处于有工作的状态还受父亲受教育程度的影响，父亲教育年限每增加一年，女性有工作的几率增加 0.062（$e^{0.06}-1$，$p<0.05$）倍。这一变量对男性是否有工作并不产生显著影响。所有因素对男性有工作因变量的解释力为 21.17%，相同因素对女性工作的解释力仅为 12.06%。因此"假设 6.1：教育是决定人们能否就业的主要因素，但教育不能对男女两性是否工作产生显著差异"没有通过验证。

三、教育对职业地位影响的性别差异分析

表 6.10 是教育对职业阶层影响的性别差异分析。在总样本模型中，性别因素并不能对职业阶层产生显著影响。只有受教育水平影响个体在职业分层中的位置。受过高等教育的人更易于担任中高层领导者或从事中高技术工作职务，其几率是小学及以下学历的 9.16（$e^{2.215}$，$p<0.01$）倍。初中学历和高级中等学历群体与小学及以下群体相比处于中高职业阶层的几率差并不具有统计意义上的显著性，说明上过大学的人在职业晋升中更容易成为领导者。这些因素在男性和女性分样本中的作用都不显著。"假设 6.22：存在着职业阶层分布的性别差异，其中教育对女性职业地位获取的影响作用大于男性"亦没有通过验证。

表 6.10　教育对职业地位影响的二元 Logistic 回归模型

	全样本模型	女性样本模型	男性样本模型
性别（女性=1）	0.470		
	(0.262)		
年龄	0.093	0.165	0.075
	(0.037)	(0.348)	(0.107)
年龄平方	-0.0008	-0.002	-0.0004
	(0.0004)	(0.338)	(0.001)
城乡（农村=1）	-0.399	-0.984	-0.048
	(0.327)	(0.542)	(0.402)

续表

	全样本模型	女性样本模型	男性样本模型
父亲职业(中高级从业者=1)	0.386	0.536	0.407
	(0.343)	(0.539)	(0.410)
父亲受教育年限	-0.0021	-0.0515	0.027
	(0.0425)	(0.0618)	(0.047)
个人受教育程度(以小学及以下为参照)			
初中	0.143	-0.523	0.128
	(0.826)	(0.825)	(1.143)
高中/中专/职高技校	0.635	0.944	-0.208
	(0.804)	(0.458)	(1.150)
大学及以上	2.215**	2.245	1.7116
	(0.804)	(0.487)	(1.129)
常量	-5.144**	-4.918	-4.951
	(0.501)	(3.007)	(2.455)
N	770	419	351
pseudo R^2	0.1515	0.2118	0.1265

括号内为标准误

+ $p<0.10$, * $p<0.05$, ** $p<0.01$, *** $p<0.001$

四、教育对工作性质影响的性别差异分析

从表6.11全样本模型可以看出，性别并不能对工作性质因变量产生显著差异。父亲受教育年限越长，其子女从事技术性工作的可能性越大。父亲的教育每增加一年，子女摆脱体力劳动的几率增加 0.068($e^{0.066}-1$, $p<0.05$)倍。除了父亲教育程度变量，对是否从事技术工作影响最大的就是学历。只接受过初中教育的群体与参照群体相比，并不具备从事技术工作的优势。从高级中等教育开始，教育对中高级技术工作的影响逐渐显现出来。学历越高，从事技术性工作的几率越大。接受过高级中等教育的人从事技术性工作的几率是小学及以下学历群体的2.519($e^{0.924}$, $p<0.05$)倍，大学及以上学历者从事需要较高专业技能工作的几率与参照组相比，增加了7.84($e^{2.179}-1$, $p<0.001$)倍。可见，

专业技能工作对教育程度的要求较高,虽然中专、职高技校毕业生也是专业技能工作者,但是大学毕业生的工作则需要更高的专业技能。

表 6.11　　教育对工作性质影响的二元 Logistic 回归模型

	全样本模型	女性样本模型	男性样本模型
性别(女性=1)	-0.005		
	(0.212)		
年龄	0.114	0.098	0.168*
	(0.037)	(0.348)	(0.075)
年龄平方	-0.001	-0.001	-0.0021*
	(0.0007)	(0.338)	(0.0009)
城乡(农村=1)	0.199	0.258	0.191
	(0.217)	(0.387)	(0.284)
父亲职业(中高级从业者=1)	0.066	-0.252	1.169**
	(0.028)	(0.741)	(0.442)
父亲受教育年限	0.066*	0.098*	0.046
	(0.0349)	(0.0565)	(0.0364)
个人受教育程度(以小学及以下为参照)			
初中	0.670	1.515*	-0.715
	(0.419)	(0.846)	(0.671)
高中/中专/职高技校	0.924*	1.991**	-0.674
	(0.518)	(0.866)	(0.685)
大学及以上	2.179***	3.613***	0.493
	(0.552)	(0.931)	(0.715)
常量	-3.379**	-4.193*	-2.778
	(0.577)	(0.934)	(1.603)
N	615	266	349
pseudo R^2	0.128	0.2182	0.1042

括号内为标准误

+ $p < 0.10$,　* $p < 0.05$,　**$p < 0.01$,　***$p < 0.001$

女性样本中，教育依然起着显著作用。初中学历群体比只接受过小学及以下教育的群体，从事技术性工作的可能性增加了 $3.55(e^{1.515}-1$，$p<0.05)$ 倍。高级中等学历群体则相应增加了 $6.32(e^{1.991}-1$，$p<0.01)$ 倍，读过大学的群体几率增加的更多，是参照组 $37.08(e^{3.613}$，$p<0.001)$ 倍。对于女性来说，从事高级专业技能工作的几率与教育程度呈跨越式增长。学历层次越高，从事专业技能工作的可能性越大。除了教育，父亲的受教育程度也对女性的工作性质产生显著影响。父亲多接受一年教育，女性就业层次提升 $0.103(e^{0.098}-1$，$p<0.05)$ 倍。

教育对男性从事专业技能工作的影响并不具有统计意义上的显著性。与教育相比，年龄和父亲的职业更能影响男性的工作性质。通过年龄和年龄平方的系数正负可以得出，男性在中年时期倾向于从事技术性工作。父亲的职业在很大程度上决定了儿子的工作性质。如果父亲是企事业单位领导人或中高级技术从业者，那么儿子从事专业技能工作的几率增加 $2.22(e^{1.169}-1$，$p<0.01)$ 倍。

所有因素对女性从事专业技能工作的解释力为 21.82%，对男性工作性质解释力仅为 10.42%。由变量的显著性可以看出，教育对女性工作性质的影响力远远大于年龄和父亲职业对男性专业技术工作性质的影响力。因此，"假设 6.3：受教育程度和技术性工作的从事紧密相关，即学历层次越高，从事技术性工作的可能性越大。教育对工作性质的影响存在性别差异，其中教育对女性工作性质的影响作用大于男性"验证为真。

五、教育对单位性质影响的性别差异分析

表 6.12 是教育对单位性质的性别差异分析，性别因素并不对工作单位性质产生显著影响。城乡、父亲职业和教育程度对个体是否能进入党政机关和国有企事业单位的作用力更为明显一些。城市居民进入所谓的"铁饭碗"单位的几率是农村居民的 $1.978(e^{0.682}$，$p<0.01)$ 倍。父亲是中高层领导或中高级技术者，其子女进入公有单位的几率比其他从业者子女高出 $1.46(e^{0.900}-1$，$p<0.01)$ 倍。一直是知识精英聚集地的国有企事业单位，选择人才的首要标准就是学历。因此，教育作为进入公有单位的敲门砖，发挥着不可替代的重要作用。高级中等学历群体进入公有单位的几率是低学历群体的 $4.84(e^{1.577}$，$p<0.05)$ 倍，受过高等教育的人这一几率增加到 $17.10(e^{2.839}$，$p<0.001)$ 倍。

表 6.12　教育对单位性质影响的二元 Logistic 回归模型

	全样本模型	女性样本模型	男性样本模型
性别(女性=1)	0.226		
	(0.207)		
年龄	-0.025	0.044	-0.004
	(0.066)	(0.125)	(0.0857)
年龄平方	0.0007	-0.0006	0.0007
	(0.0008)	(0.002)	(0.0010)
城乡(农村=1)	-0.682**	-1.310**	-0.337
	(0.245)	(0.414)	(0.318)
父亲职业(中高级从业者=1)	0.900**	0.732	1.002**
	(0.273)	(0.461)	(0.352)
父亲受教育年限	-0.0419	-0.027	-0.057
	(0.0304)	(0.0506)	(0.0399)
个人受教育程度(以小学及以下为参照)			
初中	0.766	0.232	1.077
	(0.687)	(0.859)	(1.164)
高中/中专/职高技校	1.577*	0.293	2.343*
	(0.683)	(0.871)	(0.685)
大学及以上	2.839***	1.774*	3.517**
	(0.700)	(0.873)	(1.181)
常量	-2.705	-1.943	-4.042*
	(1.417)	(2.435)	(1.929)
N	606	261	345
pseudo R^2	0.1794	0.2101	0.1843

括号内为标准误

+ $p < 0.10$,　* $p < 0.05$,　** $p < 0.01$,　*** $p < 0.001$

女性样本中,高级中等教育不再对单位性质产生显著影响,只有大学及以上教育才能对女性进入党政机关和企事业单位有所助力。对男性进入公有单位工作产生作用的学历层次也和全样本相同。说明女性要想和男性竞争同等性质单位的工作岗位，需要的学历更高。城乡因素对女性工作单位性质的选择依然作用显著，对男性则不再产生重要作用。同样，对男性进入公有制单位工作产生助力作用的父亲职业变量对女性的就业单位选择也不产生重要影响。"假设6.4：教育对人们就业的单位性质产生显著影响，教育程度高的人更容易进入党政机关和企事业单位工作。教育对单位性质的影响存在性别差异，其中对女性的影响作用大于男性"验证为假。

第四节　结论和讨论

本章主要讨论教育对就业影响的性别差异，数据分析过程中先对是否有工作、职业地位、工作性质、单位性质的性别差异进行了描述性分析，然后又对四个与工作相关的因变量分别作了二元逻辑斯蒂回归。在建立回归模型时，分别纳入了全样本模型、男性样本模型和女性样本模型进行对比分析。

相关变量的描述性分析发现，与男性相比，女性因为各种原因退出劳动力市场的比例较高，因而有工作的女性比例比男性少。男性中有工作的比例占到了 68.25%，女性样本这一比例仅为 48.72%。单独对女性样本进行学历分析发现，在有工作的女性中，各个学历阶层比例相当。但在没有工作的女性中，接受过高等教育的群体比例是最小的。处于中高级领导阶层或中高级技术从业者的女性有高达 76.06% 的人拥有大学学历，说明对于女性来说，教育为其人生发展提供了极大的可能性。由于女性身体素质不及男性，因此从事半技术半体力工作或纯体力工作的比例比男性略低。专业技术工作对女性的学历要求也较高，有 50% 的女性接受过高等教育，另有 29.41% 的人是高级中等教育程度。党政机关和国有企事业单位对女性的受教育程度要求也较高。现有在这些单位工作的女性，有 68.22% 的是本科及以上学历，19.63% 的是高等中等学历。总的来说，女性要想谋求职业的良好发展和经济地位的独立，接受更多的教育必不可少。按照目前对职业阶层和单位性质的分析来看，只有拥有大学及以上学历的女性才会获得一份稳定的职业。

在教育对是否有工作、职业地位、工作性质、单位性质的二元逻辑斯蒂回归分析中，通过男女性样本的对比分析可以发现，教育在工作获得和职业地位方面对男性和女性发挥着不同的作用。虽然教育对职业地位的获得有显著影响，但对人们是否有工作的作用却并不明显，无论在全样本还是性别分样本模型中都是如此。多样化的岗位设置为不同教育程度的人提供了就业的机会和可能性。在就业机会并不紧缺的情况下，各种知识层次的人都能找到相匹配的工作。在访谈中，我们也发现，农民把种田插秧的田间劳作也视为一种工作。在这种情况下，教育对是否就业的影响就更多地转移到对就业质量的影响上来。在全样本模型中，教育对人们职业地位的影响在 $p<0.01$ 水平上呈现统计意义上的显著性。但教育的职业地位效应并没有在性别分样本模型中继续发挥作用。教育对个体是否从事较高专业技能性质工作的影响随着教育程度的提高而大幅增加，高等教育对人们工作性质的作用力是小学及以下教育的 7.84 倍。教育依然是影响女性是否从事技术性工作的主要因素。除了教育，父亲的受教育程度也对女性的工作性质有着重要影响。由第四章的研究可知，受教育程度越高的父亲越重视女儿的教育。高技能工作又是和较高层次的教育密不可分的。因此可以说，父亲的受教育程度通过作用于女儿的教育成就影响女儿的工作性质。教育对女性所从事的工作性质发挥着双重影响作用。与此相反，教育对男性是否从事专业技能工作并不产生重要影响。男性的工作性质更多受父亲职业和自身年龄的影响。教育在个体是否能进入党政机关和国有企事业单位中依然发挥着强大的助力作用。拥有大学文凭的人进入公有制单位工作的几率与低学历群体相差 17.10 倍。教育对男性和女性进入公有单位都能产生显著影响，略有不同的是，高级中等教育和高等教育都对男性进入"铁饭碗"单位产生重要作用。对于女性群体来说，只有接受了高等教育才能具有学历上的优势。说明女性要想和男性公平竞争相同的党政机关和企事业单位岗位，必须接受比男性更多的教育才行。这和教育回报率性别不平等的结论类似，虽然女性的教育回报率高于男性，但是女性的平均收入却比男性少得多。女性要想减少职业地位和收入方面的劣势，只有接受更多的教育弥补与男性的这种差距。

总的来说，教育对人们是否有工作无显著影响，也就更不存在教育对人们就业状况的性别差异影响。教育可以在人们的职业上升通道中发挥重要重要，但不存在教育对职业阶层获得的性别差异产生影响。教育对人们从事专业技能工作还是体力劳动的工作性质作用显著，且对女性的影响作用大于男性。与教育对工作性质性别差异作用效应相反，教育对女性的工作单位性质的影响则要小于对男性的作用力。

第七章 教育对幸福感影响的性别差异

本章采用全样本模型和男性、女性两个分样本模型对比分析的方法着重解决三个问题：第一，教育对人们主观幸福感的作用机制是什么？第二，教育对女性幸福感的提升是否大于对男性的作用？第三，影响男性和女性幸福感的因素是否相同？

第一节 研究假设

影响幸福感和生活满意度的因素有很多，收入和财富增长被认为是人们获得幸福感的最主要因素。法国经济表现和社会进步委员会的报告（2013）指出财富只是获取幸福的手段。幸福除了财富因素外，更多地涉及非收入因素（健康、家庭关系、职业、教育等）（丘海雄、李敢，2012）。社会学对幸福的研究更是偏重于运用社会资本的视角，突出亲情、友情、邻里之情等社会支持和参与的功能（丘海雄、李敢，2012）。研究结果表明，西方国家的个人幸福感很大部分取决于个人竞争力和个人成就的社会文化，而中国人的幸福感则跟团队内部的关系和谐、家庭内部的关系，以及集体幸福度高度相关（Hui, 1989）。亚洲29国的研究表明，性别（尤其是女性）、年龄（20~29岁和60~69岁）、婚姻、高收入、教育水平、学生/退休/家庭主妇、信仰宗教、良好的健康、高度的社会信任水平都能显著提升个人的主观幸福感（Yasuharu et al., 2010）。先前针对武汉市的幸福调查也显示美满的家庭、健康的心态、满意的工作、良好的社会环境、积极接纳自己是武汉市居民幸福感的主要源泉（郭永玉、李静，2009）。总的来说，影响人们幸福感的因素具体可分为以下几个方面。

一、人口学因素

人口学因素变量涵盖年龄、性别、教育、健康等内容。健康状况既和个人的社会经济地位相关又影响着个人的幸福感满意度（Tony & Matthew, 2014）。教育则是人们社会融入程度的首要决定因素（Vinson et al., 2009）。

1. 年龄

年龄和幸福感的因果关系已经得到了普遍证实,年龄与幸福感呈 U 形结构,中年阶段由于生活的种种压力,在整个人生历程中幸福感最低(Oswald,2008)。我国的研究也证明了年龄对幸福感的提升有显著作用,但中年人的幸福感显著低于青年人和老年人。边燕杰认为按照生命历程的框架,年龄所表达的是一种社会期望。个体在不同的年龄阶段会产生不同的社会期望,这些社会期望又反过来对个体造成不同的压力、形成不同的激励,进而影响着个体的主观幸福感(边燕杰,2014)。

2. 性别

基于亚洲 29 国的对比研究发现,性别对幸福感的提升具有重要影响,女性的幸福感普遍高于男性(Yasuharu et al., 2010)。针对中国的研究也得出了类似的结论(黄嘉文,2013;边燕杰,2014)。

3. 健康

健康状况同样能影响到人们对幸福的感知。良好的健康有助于人们主观幸福感的提升(Tony & Matthew, 2014)。经验研究发现健康状况比收入更能影响人们的主观幸福感受(Clark & Oswald, 2002; Ferrer-i-Carbonell & van Praag, 2002; Frey & Stutzer, 2002; De Mello & Tiongson, 2009)。在澳大利亚这样富庶的国家,人们的健康状况普遍良好,健康对人们幸福感的负面影响直到 50 岁才会出现(Deaton, 2008)。

二、社会经济地位因素

阶层作为世界价值观调查的主要变量也被列入幸福感的研究中(Tony & Matthew, 2014)。自我认定社会阶层也对主观幸福感和生活满意度有显著影响。跨越 148 个国家的研究表明,从微观层面来看,社会阶层高的人生活会更加幸福(Ruut, 2015)。当生活在社会底层的群体自我社会阶层认定也为下层的情况下,他们的主观幸福感也较高(Tony & Matthew, 2014)。

1. 收入和伊斯特林悖论

要探索影响主观幸福感和生活满意度的收入因素就不得不提"伊斯特林悖论"(Easterlin Paradox),也被称为"幸福悖论"(Happiness Paradox)。伊斯特林早在 1974 年就提出收入水平高的人会感觉更加幸福(Easterlin, 1974)。英格哈特(Inglehart, 2010)也发现生活满意度更多地受到人们经济状况的影响。虽然后来收入和幸福感的关系受到了普遍质疑(While et al., 2006),但仍有一些学者用他们的研究强有力地支持了高收入带来高幸福感这一结论,只不过预设前提是处于同一国家内部(Sacks et al., 2010)。温霍芬(Veenhoven)对这一现象进行了更充分的诠释，他认为在人们满足基本的生活需求之前，收入对幸福感和生活满意度有着正面的提升效果。在人们生活达到普遍富裕后，这一影响不再显著(Veenhoven, 1991)。

后来伊斯特林对"幸福悖论"进行了修正，提出了"伊斯特林新悖论"。"伊斯特林新悖论"认为在人均GDP低于平均水平的情况下，经济增长可以显著提升生活满意度，但一旦超过某一个节点，这种提升就会减缓(伊斯特林, 2013)。经济长期增长导致幸福感提升的空间有限，当经济增长到达一定程度后，幸福感会出现停滞或下降状态(刘军强、熊谋林、苏阳, 2012)。

虽然基于中国6个省会城市的研究发现地区居民幸福指数并没有随着国民收入的增长而同步提升，地区富裕程度与居民幸福感水平之间的相关性也不明显(邢占军, 2011)。但基于中国经济持续增长10年的数据来看，中国居民的幸福感结论并不支持"伊斯特林悖论"(刘军强、熊谋林、苏阳, 2012)。伊斯特林本人也对中国经济的发展与国民幸福感之间的关联进行了研究。他发现在1990—2010年间，中国的经济发展水平与居民的生活满意度呈U形变化趋势。U形的谷底在2000—2005年间。造成这一趋势的原因是当时国企职工大面积下岗，失业率上升。2005年以后，国家经济发展水平与国民的生活满意度呈现缓慢的正相关增长(伊斯特林, 2013)。

"伊斯特林悖论"主要考察宏观层面GDP增长与国民幸福感的关系，本研究要考察的是一个国家内部微观层面上个人收入与主观幸福感的联系。

作为社会经济地位的首要指标——收入，无论是绝对收入还是相对收入的提高，都能极大地提升人们的主观幸福感(Ruut, 2015)。这一关联在经济落后的国家表现比较显著。新古典主义认为收入之所以能够提升人们的幸福感是因为收入的提高给人们带来了物质消费的满足感。经验研究也认为收入在决定人们主观幸福感方面起着关键作用(Vincenzo, 2012)。但针对伊斯特林悖论的研究发现，是相对收入而不是绝对收入影响着人们的主观幸福感。人们从收入中获得的幸福效用不是取决于客观的收入条件而是取决于与周围人的社会比较，也就是一个人在社会中所处的位置(Vincenzo, 2012)。

张学志等人采用2008年广东省居民数据的研究发现绝对收入对居民幸福感有正向提升作用，但总体呈"U"形结构。纳入相对收入变量后，绝对收入的影响作用不再显著(张学志、才国伟, 2011)。伊斯特林也认为相对收入以及人们对物质生活的高期望是影响中国居民生活满意度的重要因素，这些因素往往会抵消掉绝对收入增加的作用(伊斯特林, 2013)。

2. 职业

职业作为另外一个衡量社会经济地位的指标也对人们幸福感的提升起着重要作用(Ruut，2015)。从经济资源的理论视角分析，职业地位越高，个人所能获得的社会经济资源越多，幸福感也就越高。从权力支配的视角看，职业层次越高，支配别人的权力越大，个人的幸福感就越高(边燕杰，2014)。世界范围内的研究证明，专业技术人员和经理人员是所有职业中生活满意度最高的(Ruut，2015)。

三、社会关系因素

社会关系在人们幸福感的塑造中扮演着极其重要的角色(Diener & Seligman，2002；Fowler & Christakis，2008；Holder & Coleman，2009；Layard & Layard，2011；Leyden et al.，2011；Lucas & Dyrenforth，2006)。社会关系也是一种社会资本，和他人的交往使我们免于孤单，并长期引导身心健康(Hawton et al.，2011)。

1. 婚姻和社交网络

婚姻作为基本的生活环境对主观幸福感的感知起着决定性作用(Helliwell et al.，2009)。如果把幸福感分为低、中、高三个层次的话，可以发现生命历程中的婚姻质量显著地影响着人们最初级的幸福感受。婚姻质量包含很多维度，婚姻满意度作为其中最具有代表性的总体性婚姻感知评价是衡量婚姻质量的最有效指标(Claire et al.，2008；Kristen & Hiroshi，2012；Deborah et al.，2014)。除此之外，近距离社交网络的质量，也就是与配偶、家人、朋友的关系也决定了幸福的感知(Ruut，2015)。

2. 社会信任

对他人的信任、对家人的信任以及对不同群体公平权利的认知等信任变量也被用来衡量主观幸福感(Berkman & Kawachi，2000；Tony & Matthew，2014)。对他人的普遍社会信任和对家人的信任能显著影响人们的幸福感水平(Tony & Matthew，2014)。社会信任程度较高国家的居民主观幸福感水平要远远高于社会信任程度较低的国家(Yasuharu et al.，2010)。除此之外，社会支持对幸福感的提升也能产生一定的影响，社会支持中的资讯社会支持通过向个体传达赞扬或肯定的讯息从而提高个人的自信心，这里的资讯社会支持也就是信任支持(邢占军、张羽，2007)。

四、社会公平正义因素

国外研究发现一些主观因素比客观物质因素更能影响人们主观幸福的感受。这些因素包括社会公平、身体健康和安全感（Yew，2008）。对此也有不同的看法，鲁特（Ruut，2015）认为生活状况能显著影响人们的幸福感水平，但社会不公平的感知则不能对幸福感产生负面影响作用。国内研究则认为收入差距和机会不均的感知能显著影响中国居民的幸福感（何立春、潘新阳，2011）。

五、教育与以上因素的关系

目前国外学者对教育与幸福感的研究有两种结论。一是受教育程度本身对幸福感的提升有显著作用（Ruut，2015）；二是教育本身并不能带来幸福感的提升，只能通过中介变量让人们所学到的知识和思考能力发挥间接作用（Layard，2005；Alex，2008）。国外学者的研究大都立足于本国经济发展程度的基础上，研究结论并不一定符合中国的实际情况。

对此方面国内学者也有了大量而又深入的研究。何立新等人发现教育水平本身对幸福感的直接效应并不显著，只是教育水平的提高会带来更多的机会从而间接促进幸福感的提升。对收入差距和机会不均的容忍程度是目前影响中国居民幸福感的主要内在因素。教育通过对人们社会不平等容忍程度的影响间接地对幸福感发生作用（何立新、潘春阳，2011）。黄嘉文虽然也认为受教育水平并不直接作用于幸福感的获得，但她认为教育是通过提高个人的经济地位或职业地位来影响个人的幸福程度（黄嘉文，2013）。在刘军强、边燕杰等人的研究中，被操作化为受教育水平和受教育年限的教育变量则一直作为主要影响因素提升着人们的主观幸福感和生活满意度（刘军强、熊谋林、苏阳，2012；黄嘉文，2013；边燕杰，2014）。邢占军、张羽的研究也发现，受教育程度不仅直接对主观幸福感存在显著地正向影响，同时还通过社会支持这一中介变量对主管幸福感产生间接影响（邢占军、张羽，2007）。

基于亚洲地区和中国社会的幸福感调查都发现女性的幸福感指数高于男性（Yasuharu et al.，2010；黄嘉文，2013；边燕杰，2014）。在女性社会经济地位偏低的亚洲地区得出这一结论，说明影响男性和女性幸福感的因素并不相同，作用机制也不同。基于一直以来女性对男性地位的依附和从属以及男性偏重理性女性更加感性的生理特点，可以大胆假设对于男性幸福感提升影响最大的是物质层面因素，精神层面的满足则对女性幸福感指数提升发挥着重要作用。

在此基础上，提出本部分的研究假设：

假设7.1：教育能显著提升人们的主观幸福感；

假设7.2：教育对女性幸福感的提升作用大于对男性幸福感的提升作用；

假设7.3：教育对两性幸福感的作用机制不同。对男性幸福感的影响更多地体现在物质层面，对女性幸福感的影响则更偏重精神层面。

第二节　数据分析及结果

一、各变量间的关系分析

表7.1是对所有纳入OLS模型和路径分析模型变量的描述性分析。其中，年龄、受教育年限、社会诚信程度、社会公平正义水平、收入对数、幸福感为连续型变量。性别、职业、单位性质、财富及收入分配公平为虚拟变量。从表中可以看出，女性幸福感均值为-0.13，低于男性0.15的主观幸福感。

表7.1　各变量描述性统计特征

变量名称	描述性统计特征
人口学变量	
性别	0="男性"(46%)，1="女性"(54%)
年龄	年龄区间为[18, 71]，均值=46岁，标准差=14.61
核心自变量	
受教育年限	区间介于[0, 19]，均值=10.84，标准差=4.15
间接效应——社会经济地位提升效应	
收入(取对数)	区间介于[5.52, 14]，均值=10.09，标准差=1.07
间接效应——社会道德和规范效应	
社会信任程度	区间介于[1, 10]，均值=6.56，标准差=2.013
社会公平正义水平	区间介于[1, 10]，均值=6.77，标准差=1.756
财富及收入分配公平度	1="公平"(31.4%)，0="不公平"(68.6%)
因变量	
幸福感公因子	区间介于[-3.69, 2.17]，均值=-0.0000309，标准差=0.9968。女性幸福感均值为-0.13，男性为0.15。

表 7.2 是教育与幸福感结构方程模型各变量相关性分析,受教育年限与各变量均在 P<0.01 水平上显著相关,其中与社会经济变量呈正相关,与道德和规范变量呈反相关。幸福感变量与所有变量都在 P<0.01 水平上呈显著正相关。

表 7.2　　　　教育与幸福感结构方程模型各变量相关性分析

	受教育年限	收入	社会信任	公平正义	财富公平
受教育年限	——				
收入	0.463**				
社会信任	-0.222**	-0.164**			
公平正义	-0.185**	-0.126**	0.751**		
财富公平	-0.135**	-0.098**	0.267**	0.264**	
幸福感	0.168**	0.163**	0.369**	0.360**	0.190**

**. 在 0.01 水平(双侧)上显著相关。

表 7.3 对影响人们幸福感的各种因素进行了 OLS 线性回归。结果显示,女性的幸福感与男性相比并无显著差异。在总样本模型中,除了性别变量,其他所有变量,无论是代表教育社会经济地位效应的收入变量,还是代表教育道德教化效应的社会信任、社会公平正义、财富分配公平变量都对幸福感产生显著作用。在两性分样本中,年龄对女性的影响小于对男性的影响。年龄每上涨一岁,男性幸福感增加的幅度大于女性。受教育年限对女性幸福感的影响大于男性,多接受一年教育,相比男性幸福感增加 0.126 个单位,女性幸福感增加幅度为 0.202 个单位。

表 7.3　　　　影响幸福感各因素的 OLS 线性模型[1]

	全样本模型	女性样本模型	男性样本模型
性别(女性=1)	-0.036 (0.042)		

---

[1] OLS 回归模型只是各自变量与幸福感之间因果关系的简单分析。由于研究中需要对中介变量进行路径分析,因此最终结果需参照结构方程模型。

续表

	全样本模型	女性样本模型	男性样本模型
年龄	-0.047***	-0.038**	-0.063***
	(0.010)	(0.014)	(0.015)
年龄平方	0.001***	0.000**	0.001***
	(0.000)	(0.000)	(0.000)
城乡(农村=1)	0.104*	0.154*	0.041
	(0.048)	(0.072)	(0.065)
受教育年限	0.172***	0.202***	0.126**
	(0.027)	(0.038)	(0.037)
收入(取对数)	0.153***	0.109**	0.206***
	(0.024)	(0.034)	(0.033)
社会信任	0.152***	0.157***	0.147***
	(0.018)	(0.025)	(0.025)
社会公平正义	0.092***	0.084***	0.100***
	(0.015)	(0.023)	(0.021)
财富分配公平	0.237***	0.319***	0.127
	(0.047)	(0.065)	(0.069)
常量	-2.784***	-2.671***	-4.042*
	(0.324)	(0.464)	(1.929)
N	1848	998	850
R^2	0.245	0.237	0.261

括号内为标准误

+ $p<0.10$, * $p<0.05$, ** $p<0.01$, *** $p<0.001$

表7.4显示了受教育年限对各中介变量的因果分析结果。由于收入、社会信任、社会公平与正义水平是连续型变量，因此采用最小二乘法线性回归模型。职业、单位性质、财富及收入公平为虚拟变量，因此采用二元逻辑斯蒂回归模型。回归结果显示，受教育年限对中介变量全部在 $p<0.001$ 水平上作用显著。只是教育对社会经济地位的作用更加显著，对社会道德和规范的作用稍

微微弱些。受教育年限对社会信任水平、社会公平正义水平和财富及收入分配水平呈现负向的影响作用,受教育程度越高的人,对社会的诚信程度、公平正义水平评价越低,他们对社会不公平现象的认知更为透彻,期望也更高。

表7.4　　　　　　　受教育年限与各中介变量的回归分析

主自变量：受教育年限	Coef.	S. E.	pseudo R^2
社会经济地位因变量			
收入（取对数）	0.108***	0.007	0.257
信任与社会公平因变量			
社会信任	−0.069***	0.011	0.065
社会公平正义水平	−0.065***	0.013	0.049
财富及收入分配公平	−0.090***	0.015	0.029

备注：***$p < 0.001$

二、全样本结构方程模型

图7.1是受教育年限与收入和道德与规范的结构方程模型。模型采用最大似然法进行分析,是一个递归模型。路径分析软件采用的是Amos21.0。

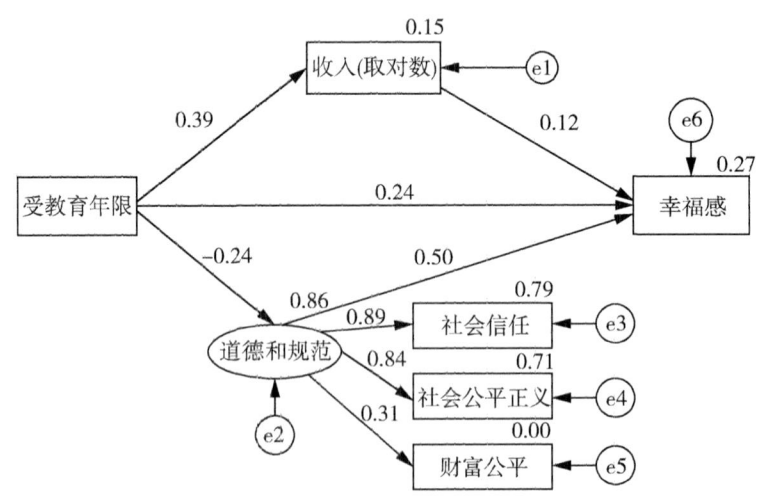

图7.1　受教育年限与收入和道德与规范的结构方程模型

由拟合指数各项指标显示，GFI、AGFI、NFI、RFI、IFI、TLI、CFI 各项指标值均大于 0.9，RMSE 值小于 0.5，模型拟合效果良好，可以做结构方程模型。

表7.5 受教育年限与收入和道德与规范结构方程模型的拟合指数

拟合指数	X^2	df	X^2/df	GFI	AGFI	NFI	RFI	IFI	TLI	CFI	RMSEA
数值	36.50	7	5.22	0.99	0.98	0.99	0.97	0.99	0.98	0.99	0.047

结构方程模型显示了教育对幸福感产生影响的三种路径，一是教育对幸福感提升的直接效应；二是教育通过提升人们的经济地位进而提升人们的幸福感水平；三是教育通过对人们的道德和社会规范产生影响进而作用于人们对幸福的感知。这三种路径是否都显著则要具体分析非标准化回归系数的显著度。

表7.6 结构方程模型回归结果

因变量		自变量	非标准化系数	S.E.	C.R.	P
道德和规范	<---	受教育年限	-0.091	0.009	-9.837	***
收入（取对数）	<---	受教育年限	0.090	0.005	18.436	***
社会信任	<---	道德和规范	1.088	0.041	33.491	***
社会公平正义	<---	道德和规范	1.085	0.035	31.357	***
财富公平	<---	道德和规范	0.089	0.007	12.438	***
幸福感	<---	道德和规范	0.319	0.016	20.267	***
幸福感	<---	受教育年限	0.058	0.005	10.622	***
幸福感	<---	收入	0.128	0.023	5.579	***

备注：***$p<0.001$

由结构方程模型的输入结果表7.6可以看出，教育对幸福感作用的三条路径效果都比较显著。受教育年限对幸福感的提升呈正向显著作用（$P<0.001$），受教育年限增加1年，个人的幸福感提升0.058个单位。教育对经济地位的提升作用于人们收入的提高，由表7.6可以看出，教育对收入在 $P<0.001$ 水平上呈现显著水平，收入对幸福感也在 $P<0.001$ 水平上效果显著。

教育对道德和规范效应的影响无论从相关系数还是从回归系数来看，都产生反向影响。道德和规范效应作为潜变量,主要由社会信任水平、社会公平正义水平和财富分配公平度来体现。从表7.6可以看出,三个变量能较好地代表人们的道德和社会规范意识。受教育水平越高的人,越认为社会的诚信程度不高,人们之间缺乏信任,社会的公平正义水平较低,财富分配不平等化程度较高。受教育水平的提高并没有提高人们对社会现状的包容度。反而由于接受较多的教育和知识,学历层次高的人更加善于思考,更能认清社会的现实并对社会发展抱以较高期望。道德和规范效应对幸福感呈显著($P<0.001$)正向作用,即对社会公平正义和社会信任包容度越高的人自我感知越幸福。从这个层面考虑,受教育程度越高的人反而感觉越不幸福。

表7.7根据图7.1列出了教育的直接效应值、间接效应值和总效应值。路径分析结果显示,教育对幸福感的三条作用路径中直接效应最大为0.24。教育通过收入的经济效应只有0.0468,绝对值在三条路径中最小。教育通过社会道德和规范效应对幸福感产生负向影响作用,值为-0.12。综合三条路径的分析结果显示教育对幸福感的总效用为0.167。"假设7.1:教育能显著提升人们的主观幸福感"通过验证。

表7.7 受教育年限与收入和道德与规范因果效应分析

自变量	因果效应	路径	路径效应值	总计
教育	直接效应	教育→幸福感	0.24	
教育	间接效应	教育→收入→幸福感	0.39×0.12=0.0468	0.167
教育	间接效应	教育→道德与社会规范→幸福感	-0.24×0.50=-0.12	

三、女性样本结构方程模型

女性样本模型的各拟合指数与总样本模型相差不大,GFI、AGFI、NFI、RFI、IFI、TLI、CFI各项指标值均大于0.9,RMSE值小于0.5,模型拟合效果良好,可以做结构方程模型。

表7.8 女性受教育年限与收入和道德与规范结构方程模型的拟合指数

拟合指数	X^2	df	X^2/df	GFI	AGFI	NFI	RFI	IFI	TLI	CFI	RMSEA
数值	23.44	7	3.35	0.99	0.98	0.98	0.97	0.99	0.98	0.99	0.048

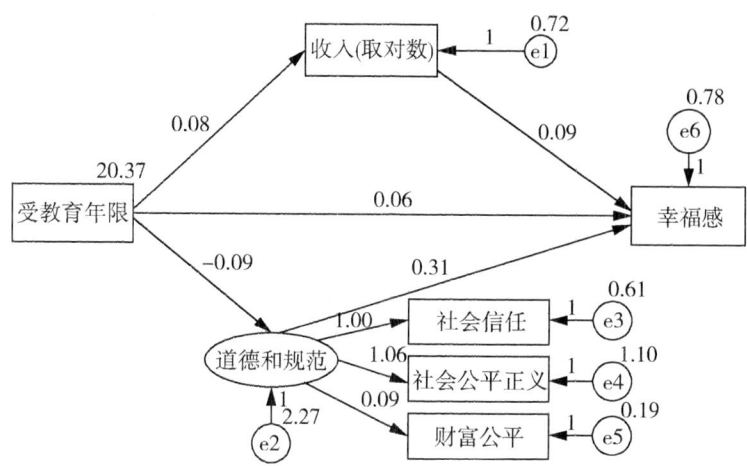

图 7.2 女性受教育年限与收入和道德与规范的结构方程模型

女性样本结构方程模型回归结果与总样本模型差别不大，唯一的不同是教育的收入效应对女性幸福感的影响不如全样本模型中显著，只是在 p<0.01 水平上呈现显著。

表 7.9　　　　　　　　女性样本结构方程模型回归结果

因变量		自变量	非标准化系数	S. E.	C. R.	P
道德和规范	<---	受教育年限	−0.085	0.011	−7.458	***
收入(取对数)	<---	受教育年限	0.080	0.006	13.659	***
社会信任	<---	道德和规范	1.000			
社会公平正义	<---	道德和规范	1.065	0.048	22.136	***
财富公平	<---	道德和规范	0.088	0.010	8.885	***
幸福感	<---	道德和规范	0.312	0.022	14.161	***
幸福感	<---	受教育年限	0.063	0.007	8.869	***
幸福感	<---	收入	0.093	0.034	2.786	0.005

备注：$***p<0.001$

表 7.10　女性样本受教育年限与收入和道德与规范因果效应分析

自变量	因果效应	路径	路径效应值	总计
教育	直接效应	教育→幸福感	0.06	
教育	间接效应	教育→收入→幸福感	0.08×0.09＝0.0072	0.0393
教育	间接效应	教育→道德与社会规范→幸福感	−0.09×0.31＝−0.0279	

由表 7.9、7.10 和图 7.2 可以看出，教育对女性幸福感依然通过三条路径发挥显著作用。无论是教育本身还是教育的收入效应以及教育的道德与社会规范效应都能影响女性的自我主观幸福感，教育的道德与规范效应同样能减小幸福感指数。与全样本比起来，教育对女性的综合效应指数较小，只有 0.0393。

四、男性样本结构方程模型

男性样本模型的各拟合指数与总样本模型相差不大，且模型拟合效果良好，可以做结构方程模型。

表 7.11　男性样本受教育年限与收入和道德与规范结构方程模型的拟合指数

拟合指数	X^2	df	X^2/df	GFI	AGFI	NFI	RFI	IFI	TLI	CFI	RMSEA
数值	17.62	7	2.52	0.99	0.98	0.99	0.97	0.99	0.98	0.99	0.047

从表 7.12 可以看出，各变量对男性幸福感影响的显著度更贴近全样本模型自变量的影响效应。

表 7.12　男性样本结构方程模型回归结果

因变量		自变量	非标准化系数	S.E.	C.R.	P
道德和规范	<---	受教育年限	−0.089	0.016	−5.637	***
收入（取对数）	<---	受教育年限	0.096	0.009	11.262	***
社会信任	<---	道德和规范	1.000			
社会公平正义	<---	道德和规范	1.110	0.055	20.306	***
财富公平	<---	道德和规范	0.087	0.010	8.469	***
幸福感	<---	道德和规范	0.328	0.023	14.507	***
幸福感	<---	受教育年限	0.048	0.009	5.490	***
幸福感	<---	收入	0.164	0.032	5.184	***

备注：***$p<0.001$

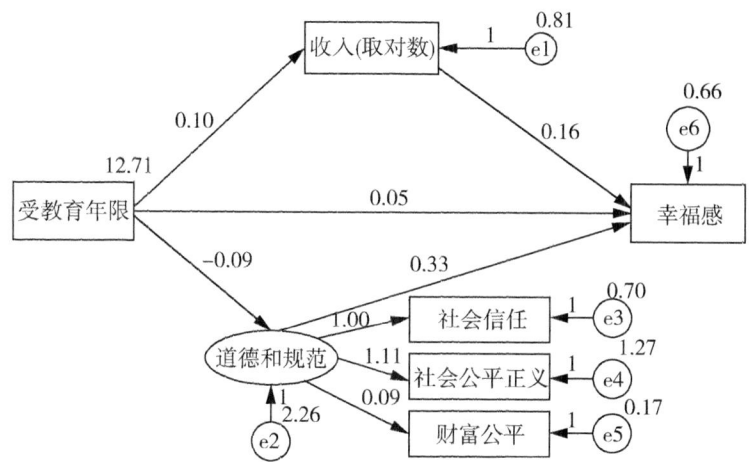

图 7.3 男性受教育年限与收入和道德与规范的结构方程模型

表 7.13 男性样本受教育年限与收入和道德与规范因果效应分析

自变量	因果效应	路径	路径效应值	总计
教育	直接效应	教育→幸福感	0.05	
教育	间接效应	教育→收入→幸福感	0.10*0.16=0.016	0.0363
教育	间接效应	教育→道德与社会规范→幸福感	-0.09*0.33=-0.0297	

结合图 7.3 和表 7.13 计算男性样本中三条路径对幸福感的效应值大小。对男性幸福感影响最大的是教育的直接效应,达到 0.05,其次是教育通过收入的间接效应,效应值也达到了 0.016。教育的道德和社会规范作用依然对男性的幸福感起着负向作用。综合三条路径,教育对男性幸福感的综合效应为 0.0363。

第三节 结 论

教育对人们的幸福感有显著作用,先前的研究大多着眼于收入对于人们幸福感的提升,关于教育对幸福感的直接效应和社会道德规范及包容度的间接效应考察较少,分析影响男性和女性幸福感作用机制的研究就更少了。本部分通过全样本模型和两性分样本模型对比分析教育影响女性和男性幸福感的作用机制是如何运行的。

根据全样本结构方程模型和路径分析图可以看出，教育对幸福感的直接和间接想效应路径共有三条：第一条是教育对幸福感的直接效应；第二条是教育通过收入对幸福感的间接效应；第三条是教育通过社会道德规范和对不平等现象的包容度对幸福感的间接效应。

分析结果显示教育对幸福感能直接产生显著效应，提升幸福感指数。在三条路径中教育的直接效应值最大为 0.24。受教育程度越高的人，自我感知越幸福。同时，教育又通过收入的间接效应提升人们的自我幸福感知。教育层次的提升能够显著增加人们的收入，进而影响个人的幸福感水平。但是，教育、收入、幸福感的路径效应值较小，仅为 0.0468。虽然收入增加能提升人们的幸福感系数，但并不能带来人们幸福感的大幅增加。除了财富以外，中国人的幸福感更多地是取决于与周围人的关系（丘海雄、李敢，2012）。教育通过影响社会道德规范和社会不平等包容度来提升幸福感的假设并没有得到验证。遵从社会道德规范，对社会包容程度高的确能影响人们的幸福感知，但受教育程度高的人由于对社会、对人与人之间的关系有更多反思，对社会现实期望较高，反而对社会道德规范和社会不平等现象的包容度较低。因而，他们的幸福感也较低。教育通过社会道德规范中介变量确实对幸福感产生了显著影响，但却是负向影响。高学历层次群体具有独立的思考能力，更能认清社会现实，反而降低了他们的主观幸福感指数。

教育对女性总体幸福感效应为 0.0393，对男性总效应为 0.0363，对女性幸福感总效应略高于男性。"假设 7.2：教育对女性幸福感的提升作用大于对男性幸福感的提升作用"得到验证。不管是男性样本还是女性样本，教育对幸福感作用的三条路径中，效应最大的都是教育本身对幸福感的提升。教育对女性幸福感的提升效应是 0.06，对男性幸福感的提升效应是 0.05。对比分析教育对男性和女性的作用机制，结合表 7.3 的 OLS 回归模型和表 7.10、表 7.13 两个分样本效应表可以发现，教育本身对女性幸福感的影响作用大于男性。教育的收入效应对男性的作用大于对女性的作用，男性的这一效应为 0.016，女性仅为 0.0072。OLS 回归模型中财富分配公平感对女性幸福感的影响在 $p<0.001$ 水平上效用显著，对男性幸福感影响则不明显。综合来看，男性的主观幸福感地取决于物质层面的提升，如收入的提高。女性主观幸福感则更多地源自心理层面的满足，如较高的受教育程度、对社会财富资源公正分配的信任、对整个社会公平正义的信任等。清楚了解影响男女两性幸福感的影响因素及其作用机制后，今后可以更有针对性地采取措施提升人类福祉。

第三节 结 论

本研究结论证明在中国这样一个发展中国家，教育程度的提高能对人们的幸福感产生直接效应，支持了鲁特（Ruut，2015）对于发展中国家教育与幸福感直接效应的结论。教育虽然能通过提高收入来提升人们的幸福感水平，但并不像先前研究所声称的那样收入能极大提升个人幸福感。即便在武汉这样一个中部发展较好的省会城市收入对人们幸福感的提升作用也是有限的。说明人们在物质支持之外，更多地是需要精神支持和社会支持来获取幸福感，对于女性来说尤其如此。虽然教育水平高的人由于对社会认知更加透彻、期望更高幸福感水平反而有所下降，但下降的效用小于教育本身产生的幸福感效应。综合二者来看，受教育程度提高会带来个人总体幸福感的提升。教育的三条路径，无论从哪个方面考虑，都会社会的发展具有积极作用。因此，大力提升人们普遍的受教育水平仍然是促进和谐社会建设的良好战略。

第八章 教育对社会信任影响的性别差异

本章主要分析教育对社会信任性别差异的作用机制。首先在文献梳理的基础上提出教育对社会信任的作用路径并进行验证，然后再对教育对社会信任影响的性别差异进行分析。

第一节 研究假设

国内学者的研究也发现教育水平能够显著提高社会信任的水平（李涛等，2008；卢春龙，2009；杨明、孟天广、方然，2011；赵文龙，王夏峥，2012）。向德平和李红对这一问题进行了更细致的研究。他们（向德平、李红，2014）发现居民的受教育程度和社会信任并不是呈直线上升的关系，而是保持着一种U型结构。黄健和邓燕华（2012）的研究也显示，大学及以上教育程度的人拥有较高的社会信任水平。在此基础上，提出本部分的第一个假设：

假设8.1：教育水平与个人的社会信任水平呈U型结构，受过高等教育的个人的社会信任水平明显高于未受过高等教育的个人。

受过高等教育的人的一般信任的程度都比较高，是因为一般教育水平较高的人都拥有不错的经济状况和社会资源，这赋予他们足够的信心去处理信任陌生人所带来的风险（尤斯拉纳，2006：114；Huang et al.，2011）。同时，与较高的教育水平伴随而来的是搜集和解读信息的能力，这也使他们能充分地预料到信任别人所带来的各种不确定性后果（Knack & Keefer，1997；Knack & Zak，2002）。学校教育，尤其是高等教育对社会信任的塑造主要是通过提升对生活信念和社会规范的接受度的方式来进行的（Huang et al.，2011）。因此，高等教育对社会信任的培育主要分为两种方式，一种是高等教育通过提高个体经济地位进而促使社会信任的形成，这又被称为教育的经济效应假设；一种是高等教育通过增强个人对社会价值规范及制度安排的认同感进而促使社会信任的形成，这又被称为教育的社会道德规范效应（黄健、邓燕华，2012）。在此基础上，提出本部分的第二个假设：

假设 8.2：在中国，教育对社会信任的塑造主要是通过两种方式进行，一是提升受教育者的社会经济地位，二是通过道德教化使受教育者接受社会规范。

基于本研究研究的核心问题是教育对社会信任的性别差异，因此在前两个假设的基础上，提出本部分的第三个假设：

假设 8.3：教育的社会经济地位效应和道德规范效应对男性和女性社会信任的作用机制不同。

第二节 数据分析及结果

一、分析策略

第二个假设分为两个层次。第一个层次是教育水平对人们社会经济地位和社会道德和规范接受度的影响，社会经济地位用人们的收入、职业阶层、工作性质、来界定，社会规范的接受度用中国社会的秩序与和谐状态、工作与就业机会公平度、选拔党政干部的公平度等维度衡量。对全世界 60 个国家的经验调查研究得出，一般信任程度的高低取决于社会公平程度的高低。这里的社会公平既包括经济公平也包括机会公平（Bo & Eric，2005）。因此社会规范接受度选用公平度作为衡量标准。第二个层次是社会经济地位因素和社会道德和规范因素对社会信任是否有显著影响。

收入、中国社会的秩序与和谐状态为连续型变量，因此采用 OLS 线性回归模型。职业阶层、工作性质、单位性质、工作与就业机会公平度、选拔党政干部公平度等变量是二元虚拟变量，因此采用二元逻辑斯蒂回归模型。社会经济地位因素与社会道德和规范接受因素对社会信任的影响也是采用二元逻辑斯蒂回归模型。

二、社会信任性别差异描述性分析

表 8.1 是对所有纳入回归方程的变量的描述性分析，从社会信任变量可以看出，武汉市居民社会信任水平高达 82.34%，这一方面跟武汉作为省会城市居民对陌生人具有较高的接纳度有关，另一方面也跟武汉市丰富的教育资源和较高的教育水平有关。

表 8.1　社会信任相关变量的描述性分析

变量	描述性统计分析
自变量	
社会信任	1="大多数人值得信任"(82.34%)，0="不大多数人不值得信任"(17.66%)
主要自变量	
教育水平	1="小学及以下"(17.31%)，2="初中"(28.21%)，3="高中"(28.58%)，4="大学及以上"(25.91%)
收入	平均年收入为37487元。
职业	1="管理人员和中高级专业技术人员"(89.94%)，0="其他工作者"(10.06%)
工作性质	1="技术性工作"(30.14%)，0="非技术性工作"(69.86%)
中国社会秩序与和谐	均值=6.87，标准误=1.73
工作与就业机会	1="公平"(52.24%)，0="不公平"(47.76%)
选拔党政干部	1="公平"(36.87%)，0="不公平"(63.13%)
控制变量	
性别	0="女性"(53.99%)，1="男性"(46.01%)
年龄	平均年龄为46.16岁
城乡	1="城镇"(52.65%)，0="乡村"(47.35%)
父亲教育水平	1="大学及以上"(9.23%)，0="未接受过大学教育"(90.77%)
父亲职业	1="高层管理人员和中高职业技术者"(14.34%)，0="其他从业人员"(85.66%)

表8.2交叉分析了不同学历层次居民对陌生人的普遍信任水平。结果显示教育程度和社会信任水平没有直接相关关系。对陌生人信任水平最高的是只接受过初中教育的群体，达到28.57%，其次是高中及同等学历群，也占到了27.98%。对他人信任程度最低的是小学及以下学历群，只有18.28%。最不轻易相信别人的人中，比例最高的是只接受过高中及同等学历教育的群体，占到了32%。其次是接受过高等教育的人，也有28.62%的比例。与社会信任程度高的比例分布类似，最不信任他人的人中，拥有小学及以下学历的人比例最小，只有12.62%。

表8.2　　　　　　　　不同教育程度个人的社会普遍信任水平

	信任	不信任
小学及以下	18.28	12.62
初中	28.57	26.77
高中/中专/职高技校	27.98	32.00
大学及以上	25.16	28.62
总计	100	100

表8.3显示,男性中认为大多数人值得信任的比例占到了82.87%,略高于女性81.88%的比例,也就是说,男性有比女性更高的社会普遍信任水平。

表8.3　　　　　　　　社会普遍信任水平的性别差异

	男	女
大多数人值得信任	82.87	81.88
大多数人不值得信任	17.13	18.12
总计	100	100

表8.4是对女性普遍社会信任水平的学历差异分析,认为大多数人是值得信任的学历结构比较均衡,大学及以上学历和高级中等学历的比例差不多,分别为28.91%和28.63%。比例最高的是初中教育程度,占比30.75%。认为大多数人是不值得信任的女性学历分布中,接受过高等教育和高级中等教育的人占比相当。有32.41%的高级知识分子女性社会普遍信任水平较低,还有33.79%接受过高中阶段教育的女性表示不会轻易相信陌生人。

表8.4　　　　　　　　女性社会普遍信任水平的学历差异

	信任	不信任
小学及以下	11.71	8.97
初中	30.75	24.83
高中/中专/职高技校	28.91	33.79
大学及以上	28.63	32.41
总计	100	100

三、教育对社会信任影响的性别差异分析

表 8.5 是影响社会信任因素的二元逻辑斯蒂回归分析，共分为两个大模型。模型 1 中的本人受教育程度变量为高等教育学历和非高等教育学历的二分变量。模型 2 中的本人受教育程度变量为类别变量：小学及以下，初中，高中/中专/职高技校，大学及以上，且以小学及以下受教育程度为参照组。每个模型下面又分为全样本、男性样本、女性样本进行对比分析，以从不同维度考察教育程度与信任的关系。

表 8.5　社会信任的二元逻辑斯蒂回归

	模型 1			模型 2		
	全样本	女性样本	男性样本	全样本	女性样本	男性样本
性别	0.0285			0.0764		
	(0.159)			(0.162)		
年龄	0.0333***	0.0257**	0.0435***	0.0298***	0.0217*	0.0386***
	(0.0074)	(0.00972)	(0.0098)	(0.00742)	(0.0103)	(0.0109)
地域	-0.131	0.0171	-0.307	-0.0431	0.127	-0.202
	(0.181)	(0.256)	(0.243)	(0.187)	(0.270)	(0.266)
父亲受教育程度	-0.0532	0.171	-0.168	0.0166	0.116	-0.183
	(0.105)	(0.492)	(0.467)	(0.337)	(0.494)	(0.466)
父亲职业	0.514+	-0.00690	1.041*	0.480+	0.0377	1.062*
	(0.279)	(0.368)	(0.480)	(0.287)	(0.368)	(0.480)
本人受教育程度	0.402*	0.303	0.442			
	(0.201)	(0.280)	(0.284)			
本人学历层次						
初中				-0.278	-0.196	-0.264
				(0.331)	(0.603)	(0.405)
高中				-0.546	-0.554	-0.422
				(0.344)	(0.610)	(0.430)
大学及以上				-0.0840	-0.144	0.0700
				(0.377)	(0.647)	(0.489)
常量	0.0554	0.312	-0.332	0.426	0.808	0.0990
	(0.390)	(0.424)	(0.379)	(0.456)	(0.773)	(0.595)
N	1043	485	558	1043	485	558
pseudo R^2	0.034	0.017	0.057	0.036	0.020	0.059

备注：括号内为标准差

+ $p<0.10$，* $p<0.05$，** $p<0.01$，*** $p<0.001$

第二节 数据分析及结果

由模型1的全样本模型可以看出，人口学基本信息中，只有年龄能提升人们的社会信任水平，年纪越大的人越容易对其他人产生信任。性别和地域均不对社会信任产生显著影响（$p<0.001$）。显示被访者成长环境的父亲受教育程度和父亲职业两个变量，只有父亲职业变量对被访者的社会信任产生微弱影响（$p<0.1$）。成长在高级管理人员和中高级技术人员的家庭中的被访者由于成长环境优越，从小接触到社会良性运作的一面，因此对别人的信任程度也比较高。这部分被访者对其他人的信任程度比父亲是中低阶层工作者的被访者要高67%（$e^{0.514}-1$，$p<0.1$）。从本人受教育程度自变量来看，教育对社会信任程度有显著（$p<0.05$）的正向影响。接受过高等教育的受访者比未上过大学的受访者的信任程度高出49%（$e^{0.402}-1$，$p<0.1$）。高等教育能够显著提升人们的社会信任水平，影响社会信任体系的构建。

从男性和女性分样本来看，年龄对男性普遍社会信任水平的提升幅度大于对女性的作用，作业也更显著。比较有趣的是，父亲受教育程度和父亲职业对子女信任程度的影响显现出完全相反的作用力，而且两个因素对儿子和女儿的影响也完全不同。虽然数据并没有显示出统计意义上的显著性，但还是可以从中寻找些端倪。父亲受教育程度可以提升女性对陌生人的信任，但是如果父亲处于领导层或从事中高技术工作，则女性对陌生人的信任又会下降。对这一现象，或许可以这样来解读，受过高等教育的父亲通过日常的沟通、交流以及其他一些家庭文化资本形式向女儿传递一些关于社会公平正义和和谐发展方面的信息，让她们接触社会正能量的一面，因此她们会对陌生人产生信任。父亲职业虽然对女儿社会信任有负面影响，但作用力微弱，可以忽略不计。父亲教育对女儿道德教化的影响到了儿子那里则变成了负面影响。对男性社会信任水平产生正面提升作用的是由父亲中高级职业地位阶层带来的优越家庭成长环境。

为了更细致地考察教育与社会信任的关系，模型2中把本人受教育程度变量做了更详细地编码，分为四类。结果显示，与小学及以下受教育水平的受访者相比，其他学历受访者的社会信任程度并没有显著差异。从各个学历层次的回归系数可以看出，学历和社会信任的关系呈现U形结构。四个学历层次中，高级中等教育受访者的社会信任水平最低。男女分样本的社会信任水平也显示出同样的U形结构。因此，"假设8.1：教育水平与个人的社会信任水平呈U形结构，受过高等教育的个人的社会信任水平明显高于未受过高等教育的个人"得到验证。

表8.6是在表8.5的基础上把高等教育作为自变量，考察高等教育对受访者社会经济地位以及道德与社会规范认可度的影响。从表中可以看出，无论是

收入、职业、工作性质、单位性质为主的社会经济地位变量,还是社会秩序与和谐、社会诚信程度的认可度,与工作与就业机会、选拔党政干部的公平度为代表的社会道德与规范变量,高等教育对他们均有显著影响。高等教育对一个人社会经济地位的获得有显著影响($p<0.001$),且系数为正,说明受过高等教育的人比较容易获得较高的社会经济地位。

表 8.6　　　高等教育对社会经济地位和社会规范因变量的影响

主自变量:高等教育	Coef.	S. E.	pseudo R^2
社会经济地位因变量			
收入	0.221**	0.083	0.149
职业	1.719***	0.282	0.146
工作性质	1.154***	0.212	0.112
道德与社会规范因变量			
社会秩序与和谐	-0.267*	0.132	0.0505
工作与就业机会	-0.230+	0.192	0.0073
选拔党政干部	-0.511**	0.183	0.0182

备注:+ $p<0.10$, * $p<0.05$, ** $p<0.01$, *** $p<0.001$

在道德与社会规范变量组中,高等教育虽然也对受访者的思维意识产生影响,显著度却大大低于社会经济地位变量组,且系数为负。这说明受教育程度越高,人们越能认识到当今社会问题,对整个社会的公平正义与和谐程度的期望也就越高。同时也说明,教育在教化人们遵守公共道德和社会秩序的时候,更教会了人们去思考并获得智慧的能力(Hutchins, 1968)。社会经济地位变量已经显示受过高等教育的人更容易获得较高的社会经济地位,处于社会中上层的人往往比中下层的人获得更多的社会和文化资本,进而取得更多的优势和特权。他们在评价道德和社会规范变量组变量时,应该更倾向于正向选择。分析结果系数为负,说明他们能够跳出自身社会经济地位的局限看到整个社会的不公平、不和谐状况,并能以更包容的心态期望改进这种状态,提高整个社会的公平正义水平,维护社会秩序。

表 8.7 考察高等教育具体通过哪种途径影响社会普遍信任水平,是教育的经济效应还是非经济效应。在表 8.5 高等教育与社会信任模型 1 基准模型的基

础上分别加入社会经济地位变量(模型 3)和社会评价变量(模型 4)。表 8.7 把高等教育主变量放在表的最前段，便于更直观地观察数据结果。研究结果显示，在基准模型上加入经济因素，经济地位变量对社会信任没有显著影响，模型 1 中高等教育主变量的微弱显著结果在模型 3 中也变得不再显著。这说明，人们经济水平及社会地位的提高在社会信任水平比较高(82.34%)的社会中并不能显著差异地影响人们的普遍信任水平。教育的经济效应对人们社会信任的提升作用并不显著。

表 8.7　高等教育的社会经济地位效应和道德教化效应

	社会经济地位变量对信任的影响 模型 3			道德与社会秩序变量对信任的影响 模型 4		
	全样本	女性样本	男性样本	全样本	女性样本	男性样本
高等教育	0.188	0.295	-0.0482	0.622**	0.322	0.971**
	(0.291)	(0.380)	(0.461)	(0.223)	(0.312)	(0.328)
性别	-0.0383			0.0948		
	(0.243)			(0.179)		
年龄	0.0284*	0.0460**	0.00643	0.0325***	0.0239*	0.0422***
	(0.0123)	(0.0169)	(0.0191)	(0.00798)	(0.0115)	(0.0113)
城乡	-0.0940	0.260	-0.487	-0.0916	0.215	-0.367
	(0.261)	(0.350)	(0.414)	(0.193)	(0.282)	(0.273)
父亲职业	0.389	-0.0568	1.037	0.449	-0.0946	1.172*
	(0.401)	(0.496)	(0.745)	(0.329)	(0.421)	(0.567)
父亲受教育水平	-0.0919	-0.253	-0.0625	0.279	0.795	-0.278
	(0.471)	(0.659)	(0.699)	(0.390)	(0.617)	(0.527)
本人职业	0.0177	0.0214	0.0698			
	(0.334)	(0.504)	(0.464)			
本人收入	-0.0230	-0.104	0.122			
	(0.168)	(0.210)	(0.286)			
本人工作性质	0.225	0.445	-0.0545			
	(0.293)	(0.400)	(0.465)			

续表

	社会经济地位变量对信任的影响 模型3			道德与社会秩序变量对信任的影响 模型4		
	全样本	女性样本	男性样本	全样本	女性样本	男性样本
社会秩序与和谐				0.201***	0.218**	0.184*
				(0.0528)	(0.0763)	(0.0746)
就业机会公平度				0.325+	0.391	0.268
				(0.188)	(0.273)	(0.266)
干部选拔公平度				0.405+	0.317	0.502+
				(0.211)	(0.319)	(0.285)
常量	0.558	0.635	0.579	-1.774***	-1.433*	-1.953**
	(1.766)	(2.273)	(1.889)	(0.478)	(0.673)	(0.644)
N	493	281	212	859	405	454
pseudo R^2	0.017	0.039	0.022	0.072	0.063	0.098

备注：括号内为标准差

+ $p<0.10$, * $p<0.05$, ** $p<0.01$, *** $p<0.001$

模型4中在基准模型1的基础上添加社会道德和规范变量，各个变量都对社会信任的建构产生明显作用，高等教育对社会信任的影响作用得到加强①。高等教育的非经济效应能够显著提高社会信任的水平。通过男女两性分样本对比分析可以发现，在考察教育社会经济地位效应的模型3中，随着收入和职业地位变量的加入，男性年龄变得不再显著，女性年龄对社会信任的影响力得到提升②。说明社会经济地位变量对男性社会信任的作用超过了年龄的作用，但对女性的社会信任水平不产生影响。模型4中考察道德规范效应，教育变量在男性样本中变得显著，社会规范效应对男性的社会信任影响微弱。与此相反，教育程度不能显著提升女性的社会信任水平，在加入道德规范变量后，年龄的显著作用也在减弱，同时社会秩序和和谐程度影响效应上升。充分说明在我国

---

① 系数由模型1中的0.402提高至模型4中的0.622，显著水平也由$p<0.05$提升至$p<0.01$。

② 与模型1中的女性样本比起来，统计显著水平不变，仍在$p<0.01$水平上显著，作用系数由0.0257增加到0.0460。

社会经济地位的提升并不能相应提升人们的社会信任水平，真正发挥作用的是教育本身和教育的道德规范效应。尤其对于女性来说，是否接受过高等教育，处于人生的哪个年龄阶段对个人的普遍信任水平都没关系，对社会和谐和社会秩序良好运转的评价才最终决定了她们是否赋予陌生人自己的信任。

以武汉为样本来源的数据分析结果表明，高等教育对社会信任的塑造主要是通过道德教化的方式进行的。这与黄健、邓燕华(2012)的结论刚好相反，二位学者在通过中英两国数据比较的基础上认为在中国，高等教育以其经济效应机制作为影响社会信任形成的主要途径，而教育的非经济效应对社会信任机制的构建并不发挥作用。为了突破局部地域数据的局限，引入 CGSS2013 数据检验高等教育对社会信任的作用机制。CGSS2013 是在全国范围内所做的社会综合状况调查。由于 CGSS2013 的问题设置与武汉市调查的稍有不同，因此变量设置也稍有不同。但都力求最大化操作教育的经济效应和非经济效应。

高等教育的非经济地位指数根据问卷问题所设选取两个问题进行变量的可操作化。问题"讨论国家和地方的大事需要比较高知识和能力，所以只能让有较高知识和能力的人参与"，此问题考察人们对政治公平的感知度，1=同意，0=不同意。问题"应该从有钱人那里征收更多的税来帮助穷人"，考察人们对于财富二次分配公平的态度。

由表 8.8 可以看出，高等教育对于人们经济地位和较高职业地位的获得均有正向且显著的影响。其中对社会经济地位的影响要远远大于对社会公平态度的影响。这与武汉市数据的结果相同。

表 8.8　CGSS 数据中高等教育对社会经济地位和社会规范因变量的影响

主自变量：高等教育	Coef.	S. E.	pseudo R^2
社会经济地位因变量			
收入	0.943***	0.154	0.0864
SEI	14.279***	0.514	0.278
自身社会阶层	0.399***	0.04892	0.203
单位性质	1.549***	0.105	0.137
道德与社会规范因变量			
政治公平	−0.265**	0.0769	0.0103
财富二次分配公平	−0.141+	0.0846	0.0269

备注：$+p<0.10$，$*p<0.05$，$**p<0.01$，$***p<0.001$

第八章 教育对社会信任影响的性别差异

表 8.9 的模型 5 是高等教育对社会信任产生影响的基准模型。模型 6 考察高等教育的经济效应是否对社会信任产生作用。模型 7 考察高等教育的非经济效应对社会信任的影响。自身社会经济地位变量均对社会信任的形成发挥显著作用。在社会公平和对其他人接纳模型中，政治公平和财富二次分配的态度都对个人社会信任的形成没有影响。即便受过高等教育的人不认同政治事务参与的差别对待，认识到工人和农民阶层在社会资源占有方面的劣势，但态度上的认知并没有影响到个人社会信任的形成。

表 8.9 CGSS 数据中高等教育的社会经济地位效应和道德教化效应

	模型 5	模型 6	模型 7
高等教育	0.310***	0.298**	0.356***
	(0.0760)	(0.106)	(0.0837)
性别	0.0736	0.118	0.100+
	(0.0497)	(0.0785)	(0.0557)
年龄	0.0204***	0.0256***	0.0209***
	(0.00201)	(0.00378)	(0.00228)
地域	-0.295***	-0.210*	-0.343***
	(0.0579)	(0.0873)	(0.0642)
父亲受教育程度	0.0236	-0.0891	0.0933
	(0.146)	(0.187)	(0.164)
父亲 SEI	-0.000553	0.00195	0.0000913
	(0.00194)	(0.00285)	(0.00215)
父亲社会阶层	0.0350*	0.00219	0.0317+
	(0.0148)	(0.0241)	(0.0163)
收入		-0.0423*	
		(0.0207)	
自身 SEI		0.00664*	
		(0.00307)	
自身社会阶层		0.102***	
		(0.0263)	

续表

	模型5	模型6	模型7
政治公平			-0.0246
			(0.0597)
财富二次分配态度			0.0634
			(0.0711)
常量	-0.368**	-0.908**	-0.694***
	(0.124)	(0.287)	(0.155)
N	7344	3144	5860
pseudo R^2	0.013	0.021	0.017

备注：括号内为标准差

+ $p<0.10$，* $p<0.05$，** $p<0.01$，*** $p<0.001$

基于CGSS2013的全国样本支持了黄健、邓燕华的研究结论，高等教育主要通过提高人们的经济地位和社会地位提升个人的社会信任水平。高等教育的非经济效应机制并没有得到显现。武汉市综合调查主要调查对象是居住在武汉的市民，CGSS数据调查的对象是全国居民。某一城市的数据和全国数据得出的结论却截然相反。或许是由于武汉作为中部的省会城市，与全国样本相比，地域文化特点比较明显，且居民在很多方面趋于同质性。居住在同一城市的居民，从语言、文化、习俗到价值观都比较相近，这跟传统的宗族社会有些类似。在这种社会里，人们之间的社会信任程度普遍较高。这种信任是建立在相互之间比较熟悉和心理认同基础上的，跟社会经济地位高低关系不大。全国样本的被访者扩展至文化、风俗互不相同的诸多地方，异质性较强。因而出现很多生人社会的特点，维系社会信任体系构建的则更多的是个人的成长经历和社会经济地位的高低。接受过高等教育的人们对社会公平的感知以及异质群体的接受度虽然在某些方面也能提升社会信任水平但还起不到主导作用。"假设8.2：在中国，教育对社会信任的塑造主要是通过两种方式进行，一是提升受教育者的社会经济地位，二是通过道德教化使受教育者接受社会规范"得到验证。

表 8.10 CGSS 数据中高等教育的社会经济地位效应和道德教化效应的性别差异

	模型 8		模型 9		模型 10	
	女性样本	男性样本	女性样本	男性样本	女性样本	男性样本
高等教育	0.399***	0.233*	0.321+	0.273*	0.488***	0.248*
	(0.113)	(0.103)	(0.164)	(0.139)	(0.124)	(0.113)
年龄	0.0224***	0.0185***	0.0300***	0.0230***	0.0227***	0.0196***
	(0.00294)	(0.00276)	(0.00655)	(0.00466)	(0.00336)	(0.00312)
地域	-0.175*	-0.403***	-0.168	-0.239*	-0.234*	-0.440***
	(0.0834)	(0.0805)	(0.141)	(0.112)	(0.0928)	(0.0890)
父亲受教育程度	-0.114	0.131	-0.0120	-0.134	-0.0828	0.234
	(0.216)	(0.200)	(0.291)	(0.246)	(0.238)	(0.226)
父亲 SEI	-0.00394	0.00303	-0.00237	0.00502	-0.00413	0.00435
	(0.00272)	(0.00277)	(0.00436)	(0.00379)	(0.00304)	(0.00306)
父亲社会阶层	0.0315	0.0341	0.0124	-0.00364	0.0415+	0.0215
	(0.0204)	(0.0208)	(0.0367)	(0.0317)	(0.0228)	(0.0229)
收入			-0.0313	-0.0707+		
			(0.0253)	(0.0379)		
自身 SEI			0.00403	0.00893*		
			(0.00492)	(0.00396)		
自身社会阶层			0.0740+	0.119***		
			(0.0422)	(0.0341)		
政治公平					-0.0506	-0.00115
					(0.0851)	(0.0836)
财富二次分配态度					0.0197	0.0929
					(0.105)	(0.0966)
常量	-0.396*	-0.262	-0.861*	-0.625	-0.741***	-0.568**
	(0.173)	(0.170)	(0.430)	(0.449)	(0.220)	(0.211)
N	3622	3745	1218	1930	2844	3029
pseudo R^2	0.013	0.013	0.018	0.024	0.018	0.018

备注：括号内为标准差

+ $p<0.10$, * $p<0.05$, ** $p<0.01$, *** $p<0.001$

从总样本和男女分样本的对比分析中可以发现，模型 8 总样本中对人们社会信任产生显著影响的高等教育、年龄、地域等因素在性别分样本中依然发挥着重要作用。只有父亲社会阶层变量不再具有统计意义上的显著性，可见家庭成长环境的优劣并不能影响个人对陌生人的信任水平。跟武汉样本相比，全国样本显示受教育程度的高低能显著影响人们的社会普遍信任水平，并且教育对女性信任度的影响明显高于对男性社会信任的影响。接受过高等教育的女性愿意相信陌生人的几率比未上过大学的女性高49%（$e^{0.399}-1$，$p<0.001$），男性这一比例仅为26%（$e^{0.233}-1$，$p<0.05$）。城乡因素在男性样本中作用显著，在女性样本中则表现并不明显。农村男性与城市男性相比，更愿意相信陌生人。城市女性和农村女性对其他人的信任水平相当，差距并不十分显著。添加了社会经济地位因素后，教育本身对男女两性社会信任的作用力都变得十分微弱。教育更多地是以社会经济效应间接途径对男性普遍信任产生影响，尤其是自身所处的社会阶层对男性个人的社会信任影响效果最为明显。社会地位越高的男性越容易信任他人。教育的社会经济地位效应对女性的社会信任作用力很小，基本可以忽略不计。在模型10的道德规范效应分析中，教育对男性的影响力减弱，对女性的效应增加。说明教育对女性社会信任的影响更多地是通过道德教化和社会规范的途径发生作用。具有强烈公平正义和人人平等思想的女性对陌生人的信任比没有这种思想意识的女性高44%（$e^{0.399}-1$，$p<0.001$）。综合武汉市样本和全国样本的性别差异分析可以得出，"假设8.3：教育的社会经济地位效应和道德规范效应对男性和女性社会信任的作用机制不同"通过验证。

第三节 结 论

采用二元逻辑斯蒂回归模型，本章探讨了教育是如何通过社会经济地位效应和道德规范效应影响人们的社会信任水平，以及不同教育效应对男性和女性作用机制的差异。

结果发现，初中学历、高级中等学历以及大学及以上学历的被访者与受教育程度为小学及以下的受访者相比，社会信任水平并没有显著差异。四个学历层次的社会信任曲线呈现U形结构。在此基础上把教育水平重新划分为接受过高等教育和未接受过高等教育两类，结果显示在控制了人口学因素和家庭背景因素后，高等教育能明显提升人们的社会信任水平。

为进一步探讨高等教育对社会信任的作用机制，在高等教育的基准模型中加入了社会经济地位因素和道德与社会规范认同等因素，结果显示高等教育对人们社会经济地位的获得和道德与社会规范认同均有显著影响，且高等教育对社会经济地位获得的影响显著高于对社会规范认同的影响。把分别添加了教育的经济效应和道德规范效应的新模型代入到社会信任的方程中，结果显示高等教育的经济效应在文化环境趋于同质、社会信任水平较高的社会中并不能对社会信任的构建产生显著影响。教育的道德规范效应通过提升人们的受教育程度，使人们更加深刻认识到社会存在的问题并以更包容的态度接受异质群体。全国样本的对比分析，描述了更大空间范围内高等教育对社会信任的作用机制是通过教育的经济效应来实现的。高等教育发挥的作用机制跟空间范围密切相关。但无论是教育的经济效应还是道德教化效应都对中国社会信任的构建起着重要作用。

诸多学者认为，转型期社会由于社会结构的快速变迁，在旧有的道德规范遭到破坏，新的规范还没完全建立起来的时候，整个社会的信任程度会大大降低(Sztompka, 1999: 151-190; Delhey & Newton, 2005)。针对中国社会信任的诸多研究(郑也夫，2003；福山，2001；朱虹，2011；高星，2013)也发现转型期中国在由熟人社会向生人社会过渡的过程中，原来联系紧密的宗族社会逐渐解体，新的生人社区慢慢形成，社会信任水平下降(马俊峰、白春阳，2005；张禹青，2012)。但本研究却得出了相反的结论。在文化背景趋同，社会普遍教育水平提高的基础上，中国社会信任水平仍保持在一个比较高的水平上。这一方面跟中国与人为善的传统文化有关，另一方面也与国家大力提倡义务教育和高等教育密切相关。在人民生活水平大幅提高的前提下，小区域范围内高等教育的经济效应并不能对人们社会信任的构建产生显著影响，在当地趋于同质的文化环境中，无论社会经济地位如何，人们普遍都能对其他人产生信任。这或许跟一个城市文化、语言、地域相同进而导致居民心理认同感较强有关，这样的社会跟传统的熟人社会类似。人们的社会信任水平较高，这种信任水平更多的是社会道德和规范的约束而跟人们的社会经济地位关系不大。在这种情况下，教育的道德教化和社会规范作用在社会信任的构建中起到了主要作用。

从教育对社会信任影响的性别差异来看，教育对两性的作用机制并不相同。在熟人社会，虽然教育本身对个人社会信任程度表现出了一定的显著性，但作用力并不大，在分样本分析后教育效应就变得不再显著。社会经济地位的提高并不能相应提高人们对陌生人的信任。维系熟人社会人与人之间信任的道德规范效应对男性和女性的社会信任体系构建都起到了重要作用，并且对女性的影响大于对男性的影响。在生人社会，个人对他人的信任很大程度上取决于其社会经济地位，尤其是在社会上所处的阶层。因此，教育本身在生人社会对男女两性社会信任的塑造都起着重要作用，只是教育程度对女性社会信任的影响程度大于男性。相比教育本身,教育的社会经济地位效应对男性信任体系构建的作用更大一些,而对女性影响显著度明显下降。生人社会中,教育的道德规范效应对两性的普遍社会信任均不具备统计意义上的显著性。或许受传统"男主外、女主内"社会角色分工的影响,教育的社会经济效应一般对男性社会信任提升的作用更大一些,而教育的道德规范效应则更多地作用于女性身上。随着社会发展程度提高,无论是教育本身还是教育的道德规范都对效应女性信任体系的构建起着决定性作用,教育社会经济地位效应对女性信任的影响也在逐渐显现。无论是教育的经济效应还是道德教化效应对男女两性社会信任的构建发挥作用,都证明九年义务教育和高等教育扩招的人才培养成效已经逐渐显现。教育在维护社会秩序、构建和谐社会过程中发挥着不可替代的作用。

第九章　教育对财富分配公平感影响的性别差异

本研究意欲把教育对政治信任，尤其是党政干部选拔程序的信任纳入教育对收入分配公平感的分析中来，通过考察教育的社会经济地位效应和教育的道德教化效应对政治信任的影响，并进一步分析教育对政治信任产生影响的性别差异。

第一节　研究假设

本部分在进行理论梳理时，先介绍分配公平理论的基础理论，奠定理论基调。然后具体分析教育对分配公平感的三种作用机制，并在此基础上提出研究假设。

一、分配公平理论下的结果公平和程序公平

分配公平感实际上是人们对收入应当如何分配的一种主观判断（李骏、吴晓刚，2012）。分配公平早在20世纪60年代就引起了学者们的关注，霍曼斯（Homans）最早在1961年提出分配公平（distributive justice）理论，亚当斯（Adams）也在1965年提出了公平理论（equity theory）（Karen & Karen, 1983）。传统的分配公平理论认为人们在衡量分配结果是否公平时秉承着"个人利益中心"的原则，并假设人们在社会交往过程中都期望获得个人利益的最大化（Taylor and Moghaddam, 1987）。因此，人们在表达社会收入和财富分配公平感时，首先衡量个人投入的成本和所获得的收益（Adams 1965; Walster et al. 1973）。这个衡量的基础和标准就是与周围人的比较。在与周围人付出/所得的比较中，人们获得自己所得是否公正的感知。他们比较所参照的周围人群体大都是与自己社会经济地位情况比较类似的当地人群体（Norma & Duane, 1986）。

目前研究中普遍意义上的分配公平感指的都是社会劳动产品的结果分配公

平。最近国内外的一些学者也把视角转到了分配程序公平的研究上。程序公平理论认为分配劳动成果的规则和程序同样是人们判断分配是否公平的重要基础。该理论强调程序公平和结果公平是相互独立的，不同于人们对结果公平判断标准的单一，人们对程序是否公平的判断基于很多因素。这些因素包括是否被平等对待、分配者是否公正如一，以及程序执行的过程中人们是否有适时表达自身意愿的话语权（Ellen，Susan and Joseph，2000）。尽管如此，研究者们仍发现，人们对程序公平的判断直接决定了他们对结果分配公平的感知（Tyler，Huo，& Lind，1995）。当人们对结果分配感到满意时，他们不会过多关注程序是否公平。但当人们对结果分配不满意时，对程序是否公平的感知则变得至关重要（Brockner and Wiesenfeld，1996）。

二、教育对收入和财富分配公平感的三种解读

本研究对教育对人们收入和财富分配公平感知的影响研究大致分为三种情况：教育对人们分配公平感的直接效应、教育通过社会经济地位中介作用对人们分配公平感的社会经济提升效应，以及教育通过政治信任对人们分配公平感的道德教化效应。

1. 教育对收入和财富分配公平感的直接效应

我们把教育本身对收入和财富分配公平的影响视为教育对财富分配公平的直接效应。基于中国社会调查的研究结果显示，受教育程度越高的人对现有的财富分配制度越不满意（怀默霆，2009；李骏、吴晓刚，2012）。对于这一结果产生的原因，怀默霆（2009）认为虽然物质上的优越更容易让人对社会显示产生较高的满意度，但受教育水平越高的人，越倾向于批判现有的一切，越有可能意识到社会中存在的偏见和不公平现象。李骏和吴晓刚（2012）进一步分析道，受教育程度越高的人由于知识积累和认知能力的提升，养成了批判性的分析习惯，因此能够更多地了解社会的不平等现象。受教育程度较低的人因为理解他人生活境况的能力有限，反而低估了社会的不平等水平。

2. 教育对收入和财富分配公平感的间接效应——社会经济地位的提升效应

教育对收入和财富分配的间接效应主要体现在教育通过提升人们的社会经济地位来影响人们对财富分配公平的感知。虽然转型期中国社会打破了过去财富平均分配的格局，但人力资本收益率的变化并不与市场化的过程一致，而是较多地受社会结构因素（单位行业、单位性质）的限制（刘精明，2006）。在所有部门中，公共部门的教育收益率提高最快，国有集体经济部门次之。在私

有部门中,只有受过高等教育的人群才拥有较高的教育收益率。虽然教育的收入回报随着部门的不同而有差别,但不可否认的是劳动力的收入随着教育程度的增加而提高(王甫勤,2010)。研究结果发现,改革开放以后的收入分配差距在很大程度上源于教育的差距,并出现了"穷人更穷、富人更富"的马太效应(薛进军、高晓淳,2011)。经济收入、职业地位等客观社会位置的不同导致人们的生活经历也不同,从而影响人们的价值观和对公平的判断(翁定军,2010)。受教育年限越长的人,由于拥有的文化、技术资本也越多,获得的经济回报也就越大,因而在新的改革收益上处于优势地位(刘欣,2002)。

按照"个人利益中心"理论的假设,处于社会优势阶层地位的人更倾向于认为财富分配是公平的,并试图以现有的分配制度维持其持续优势地位的获得。而处于社会下层的群体由于较少地享受到社会发展的成果,因而更倾向于认为财富分配制度是不公平的。当财富分配不公平感的两极分化到一定程度,就会爆发优势阶层维护自身利益、劣势阶层争夺社会资源的斗争(Cook and Hegtvedt, 1986; Homans, 1961; Kabanoff, 1991)。

经验研究结果发现教育对分配公平的"个人利益中心"理论假设同样适用于中国社会。教育程度较高的人起初倾向于认为财富分配是公平的(李骏,吴晓刚,2012;李颖辉,2015),但在认识到社会现实以后,他们又会具有更加批判的态度,从而超越狭隘的利己主义认为财富分配是不公平的(李骏,吴晓刚,2012)。就单个因素而言,收入能显著地促进分配公平感(孟天广,2012),但受教育程度越高的人对教育回报的期望也就越高,在比较付出与回报的差距后容易产生分配不公平的感知。因此,受教育程度越高,越认可财富分配的不公平(孟天广,2012;李颖辉,2015)。

3. 教育对收入和财富分配公平感的间接效应——政治信任下的道德教化效应

教育对财富分配公平感的道德教化效应主要考察政治信任作为中介变量是否能影响不同受教育程度的人的财富分配公平感。本部分对政治信任的考察主要依据人们在评判结果分配公平时,程序公平在其中发挥的重要参考作用。

政治信任是指人们对政治系统运作能否产出与他们的预期结果相一致的信念和信心(马得勇,2007)。人们在衡量公平感和政治信任的时候,一般倾向于以有没有政治权利表达自身的话语权作为衡量标准,而不管陈述和建议有没有被最终采纳(Lind, Kanfer and Earley, 1990; Lind, Lissak and Conlon, 1983; Tyler, 1989; Tyler and Lind, 1992)。人们对程序公平的关注更多地是想获得跟自身社会地位相关的信息(Lind andTyler, 1988; Tyler, 1989; Tyler and Lind,

1992)。如果居民相信程序公平，他们会认为自身受到了尊重和重视，如果居民认为程序不公平，他们则会感到自身的权利受到了侵害并受到了社会的排斥(Tyler et al.,1994)。

在中国这样一个具有权威主义统治历史的国家，人们对政府的信任不仅基于政府的表现，更基于人们对权威的崇拜和依赖(马得勇，2007)。因而，转型期中国的政治信任水平总体上相对较高。同时，社会转型改变了公民对政治机构的认知，公民对制度化的机构赋予了比代理人更多的信任(孟天广，2014)。政府及其代理人——政府官员制定的政策及其效果，在很大程度上决定着人们的信任。如果政府效率低下、政治腐败严重都会影响人们对政治的信任感(张文宏、马丹，2015)。基于中国19年的调查数据研究结果发现相比较于政府机构，居民对政府代理人——公务员的信任程度一直都是最低的，这与转型期严重的公务员腐败现象密切相关(孟天广，2014)。

在中国当前独特的市场经济制度安排下，市场能力、再分配能力、寻租能力共同决定着人们的收入。转型期中国在市场化过程中，政治上逐渐放权为其中一部分权力精英"寻租行为"铺就了权力腐败的温床，使不同类型的权力精英在经济地位上仍处于优势地位(刘欣，2005)。财富分配是否公平一直以来都是影响政治信任的重要因素，财富分配越公平，政治信任的程度越高(张文宏、马丹，2015)。反过来，人们对政治的信任，尤其是政治程序公平的信任也会影响人们对收入和财富分配公平度的感知。

教育水平也是影响人们政治信任的重要因素。受教育程度越高的人会较少受传统政治权威主义的影响，更认同现代的民主制度，表现出较高的政治关注度(张文宏、马丹，2015)。但见证了公务员的腐败使他们对财富分配表现出强烈的不公平感，伴随着教育水平的提高，人们的政治信任也在逐级下降(孟天广，2014)。加上中国社会自古就有文人做官的政治制度，"学而优则仕"更是众多读书人的终极目标(谢宇，2010)。受这样的传统影响，即便到了现代，一部分高学历高收入者也会有意识地争取政治资源以谋求全方位的发展，扩大政治影响力(黄秀华，2008)。政府官员选拔的程序是否公平也必然成为他们表达政治信任的参考依据，对公务员腐败的现实认知以及政府反腐败的力度都将影响他们对社会财富分配的公平感。

综合教育对财富分配公平感产生影响的三条路径，提出本部分的第一个假设：

假设9.1：教育对财富分配公平感有显著的负面影响，教育程度越高的人财富分配公平感越低。

假设 9.1 又可以细分为以下三个假设：

假设 9.1a：教育本身能够对收入和财富分配公平的感知产生直接作用，且受教育程度越高的人越认为收入和财富分配不公平；

假设 9.1b：教育通过社会经济地位中介变量影响人们收入和财富分配的公平感，受教育程度越高的人越倾向于认为财富分配是不公平的；

假设 9.1c：教育通过政治信任中介变量影响人们收入和财富分配的公平感，受教育程度越高的人政治信任水平越低，越倾向于认为财富分配是不公平的。

鉴于本研究主题是教育对财富分配公平感的性别差异，因此提出本部分第两个假设：

假设 9.2：教育对男性和女性财富分配公平感的作用机制不同。

第二节 数据分析及结果

数据分析结果共分为三部分：第一部分是分析路径；第二部分是变量的基本描述性分析；第三部分是全样本和分样本结构方程模型。

一、分析路径

本部分主要考察教育对居民财富及收入分配的公平感，中介变量为社会经济地位和政治信任，因此采用结构方程模型，共设计三条分析路径：第一条路径分析教育对财富及收入分配公平的直接效应；第二条路径是教育→社会经济地位→财富及收入分配公平；第三条路径是教育→政治信任→财富及收入分配公平。社会经济地位隐变量又由三个显变量——收入、职业、单位性质得出；政治信任隐变量由选拔党政干部公平度、官员腐败现象、党和政府反腐败工作效果三个显变量得出。所有变量缺失值的比例都在2%以下，在纳入结构方程模型前对缺失值都做了替换。教育年限和收入显变量为连续变量，其他分类变量被重新编码为虚拟变量。符合做结构方程模型的基本要求。初步的二元逻辑斯蒂回归模型分析显示人口学变量虽然对财富分配公平感具有显著作用，但只解释了不到2%的方差。因此为了使分析途径更加清晰，结构方程模型中并没有纳入基本的人口学变量。

二、描述性分析

由表9.1可以看出，职业变量中，武汉市居民的平均受教育年限为11

年，相当于高中二年级水平。只有不到 1/5(18.2%)的人从事着管理和中高技术的工作，基本上可以划为社会的中上阶层，其他从业者从事着中低层次的工作。职业结构基本上可以被描述为上窄下宽的金字塔形。在国有企事业单位工作的从业者比中高级技术和管理人员从业者的比例稍微大一些，占到了 28.6%。

表 9.1　　各个变量的描述性分析

变量名称	描述性统计特征
核心自变量	
受教育年限	区间介于[0, 19]，均值=10.84，标准差=4.15
间接效应——社会经济地位自变量	
收入	区间介于[250, 160000]，均值=39682
职业	1=管理人员和中高级技术人员(18.2%)，0=其他从业者(81.8%)
单位性质	1=国有企事业单位(28.6%)，0=私有单位(71.4%)
间接效应——政治信任自变量	
选拔党政干部	非常不公平(14.8%)，不太公平(37.8%)，比较公平(28.7%)，非常公平(2%)，不好说(16.7%)
腐败现象	很严重(39.5%)，比较严重(41.9%)，不太严重(12.2%)，没有腐败问题(0.1%)，不好说(6.3%)
党和政府反腐败效果	很明显(29.8%)，比较明显(45.1%)，不太明显(17.7%)，很不明显(1.6%)，不好说(5.8%)
因变量	
财富及收入分配公平度	非常不公平(18.8%)，不太公平(44.3%)，比较公平(27%)，非常公平(1.9%)，不好说(8%)

关于政治信任的三个变量，有一半以上(52.6%)的被访者认为选拔党政干部是不公平的，有 28.7%的居民认为比较公平，只有 2%的人认为非常公平。另外还有 16.7%的人选择了"不好说"选项，根据当时实地调查的经验，选择该选项的被访者大多对涉及政治的题目比较谨慎。因此在处理变量时，把"不好说"归为"不公平"。当问及整个社会腐败问题时，40%的人认为腐败现象很严重，另有 41.9%的人认为比较严重。只有 12.3%的人明确表示腐败现

象不严重或者不太严重,在可以容忍的范围内。虽然社会的腐败现象很严重,但党和政府反腐败的一系列政策也让民众看到了国家的决心和成效,接近一半(45.1%)的被访者表示反腐败工作效果非常明显,另有 17.7% 的人认为反腐败工作成效不够明显,还需继续努力。只有 7.4% 的被访者表示反腐败工作没什么成效。

当问及整个社会财富和收入分配是否公平时,有 18.8% 的人表示非常不公平,44.3% 的人表示不太公平,只有 28.9% 的人表示财富分配比较公平,自己的付出得到了平等的回报。

交叉表 9.2 只列出了人们对政治信任和财富分配公平不是很满意的一些选项。从表中可以看出对于收入和财富分配公平的感知,受教育程度越高的人越觉得分配不公平或是非常不公平,在选拔党政干部公平感的问题上也是如此,无论是不公平选项还是非常不公平选项,大学及以上学历水平都占据了 30% 以上的比例,也是四种学历层次中比例最高的。对社会腐败现象的评价,认为很严重的所占比例最高的是初中层次的被访者,占到了 31.6%,其次是高中学历层次占到了 29.5%。认为腐败现象不太严重的被访者比例与学历层次依然成正相关,受教育程度为大学及以上的占到了 31.1%。认为党和政府反腐败工作比较明显的,高中层次的占到了 30.8%,大学及以上学历也占到了 29.7%。由此可以看出,高学历被访者对社会的不公平和腐败现象认识的比较深刻感知的比较全面,但同时当国家和政府加大反腐力度时,他们也是最清晰见证成效的一批人。

表 9.2 教育程度与政治信任及财富分配各变量交叉分析

受教育程度	选拔党政干部		腐败现象		反腐效果		财富分配	
	非常不公平	不公平	很严重	不太严重	很明显	比较明显	非常不公平	不太公平
小学及以下	12.7%	14.6%	13.4%	14.3%	18.3%	14%	11.6%	14.4%
初中	27.9%	24.4%	31.6%	25.3%	34.8%	25.5%	26.4%	25.5%
高中/中专/职高技校	29%	29.7%	29.5%	29.3%	26.7%	30.8%	28.4%	31.4%
大学及以上	30.4%	31.3%	25.5%	31.1%	20.3%	29.7%	33.5%	28.7%
合计	100%							

表 9.3 是只针对女性样本所做的受教育程度与各主要变量间的交叉分析。

结果显示，认为党政干部选拔程序公平的女性中高等学历层占比是最少的，有17.4%，认为不公平的接受过高等教育的女性占比是最多的，占到了28.7%。认为当今腐败现象比较严重的女性各学历层次比例差别不大，认为腐败现象不严重的高学历女性的比例是最少的，只有11.6%。对于反腐败效果的评价，认为明显的比例最高的是高级中等学历层，占到了28%。同时认为反腐效果不明显的也是高中及同等学力群体，占到了27%。关于财富分配选项，认为财富分配公平的女性中，只有16%的人接受过高等教育。认为财富分配不公平的几个教育层次群体的比例相当。可见，随着女性越来越多地走出家门参加工作，他们对社会现象和社会公平正义都有自己的见解和认知。

表9.3　女性样本中教育程度与政治信任及财富分配各变量交叉分析

受教育程度	选拔党政干部		腐败现象		反腐效果		财富分配	
	公平	不公平	严重	不严重	明显	不明显	公平	不公平
小学及以下	25.5	19.3	21.6	28.8	20.3	28.1	28.6	19.9
初中	28.4	25.4	26.3	30.1	27.9	24.2	27.0	26.7
高中/中专/职高技校	28.7	26.6	27.3	29.5	28.0	27.0	28.3	27.5
大学及以上	17.4	28.7	24.8	11.6	23.8	20.6	16.0	25.9
合计	100							

表9.4是教育对财富分配公平感的二元逻辑斯蒂回归，表中三列分别是全样本模型、男性样本模型和女性样本模型。从全样本中可以得知，初步看来男性和女性的财富分配公平感没有太大差异。教育程度与财富分配公平感呈负相关，受教育年限越长的人财富分配公平感越低。全样本模型中，干部选拔公平、腐败严重度、反腐效果都能影响人们对财富分配公平感的判断。在男、女分样本模型中，教育的效果不再显著。只有干部选拔公平还依然显著地作用于男性/女性对财富分配公平的评价。

表9.4　教育对财富分配公平影响的二元逻辑斯蒂回归模型

	全样本	女性样本	男性样本
受教育年限	-0.048*	-0.048	-0.042
	(0.020)	(0.026)	(0.032)

续表

	全样本	女性样本	男性样本
性别	0.095		
	(0.127)		
年龄	-0.012***	-0.007	-0.016*
	(0.005)	(0.007)	(0.007)
地域	-0.145	-0.132	-0.174
	(0.142)	(0.202)	(0.201)
干部选拔公平	1.694***	1.769***	1.615***
	(0.126)	(0.168)	(0.190)
腐败现象	0.365*	0.406	0.308
	(0.176)	(0.222)	(0.294)
反腐效果	0.362*	0.262	0.480
	(0.155)	(0.203)	(0.246)
常量	-0.836*	-0.938	-0.749
	(0.395)	(0.496)	(0.602)
N	1542	819	723
pseudo R^2	0.160	0.175	0.136

备注：括号内为标准误
+$p<0.10$，*$p<0.05$，**$p<0.01$，***$p<0.001$

三、教育与财富分配公平感的全样本结构方程模型

在做结构模型前，先对所有变量做了双变量相关性分析，结果显示受教育年限与所有变量都显著相关，除了与反腐败效果变量显著水平稍低以外（$p<0.05$），其余都在$p<0.01$水平上呈现双侧显著相关。代表社会经济地位的三个变量——收入、职业、单位性质，除了收入和单位性质之间相关性不显著，其余都在$p<0.01$水平上两两显著相关，三个变量与受教育年限相关性也很明显。政治信任变量情况类似，只是腐败现象和反腐败效果两个变量线性相关性不显著。

表9.5　　　　　　　　结构方程模型各变量相关性分析

	受教育年限	收入	职业	单位性质	党政干部选拔公平	财富及收入分配公平度	反腐败效果
受教育年限	1						
收入	0.170**	1					
职业	0.211**	0.116**	1				
单位性质	0.231**	0.031	0.252**	1			
党政干部选拔公平	-0.123**	-0.085**	-0.026	0.006	1		
财富及收入分配公平度	-0.099**	-0.050*	-0.006	-0.082**	0.373**	1	
反腐败效果	0.055*	-0.008	0.000	0.026	0.105**	0.086**	1
腐败现象	-0.132**	-0.052*	-0.005	-0.024	0.225**	0.147**	0.029

备注：**在0.01水平（双侧）上显著相关，* 在0.05水平（双侧）上显著相关。

由表9.6可以看出，结构方程模型的各项拟合指数都较好。虽然 X^2/df 只有3.78，p<0.000没有达到模型要求，但GFI、AGFI、NFI、IFI、TLI、CFI各项指数都在0.9以上，RMSEA指数也在0.3~0.8取值范围内。综合以上各项指数可以得出模型拟合优度较好，符合做结构方程模型的条件。

表9.6　　　　　　　　结构方程模型拟合指数

拟合指数	X^2	df	X^2/df	GFI	AGFI	NFI	RFI	IFI	TLI	CFI	RMSEA
数值	64.19	17	3.78	0.99	0.98	0.92	0.88	0.94	0.91	0.94	0.038

图9.1显示了受教育年限与财富收入分配公平感关系的三条路径，图中所示系数为标准化系数。受教育年限对财富和收入分配公平度的回归系数只有0.05。受教育年限对社会经济地位的影响呈现正相关，但社会经济地位对财富分配公平感知却起着负向作用。受教育年限与政治信任呈负相关，政治信任与财富分配呈正相关。

由表9.7结构方程模型的回归结果可以看出，受教育年限变量对社会经济地位和政治信任隐变量都具有显著的决定作用，但受教育年限与财富与收入分

第九章 教育对财富分配公平感影响的性别差异

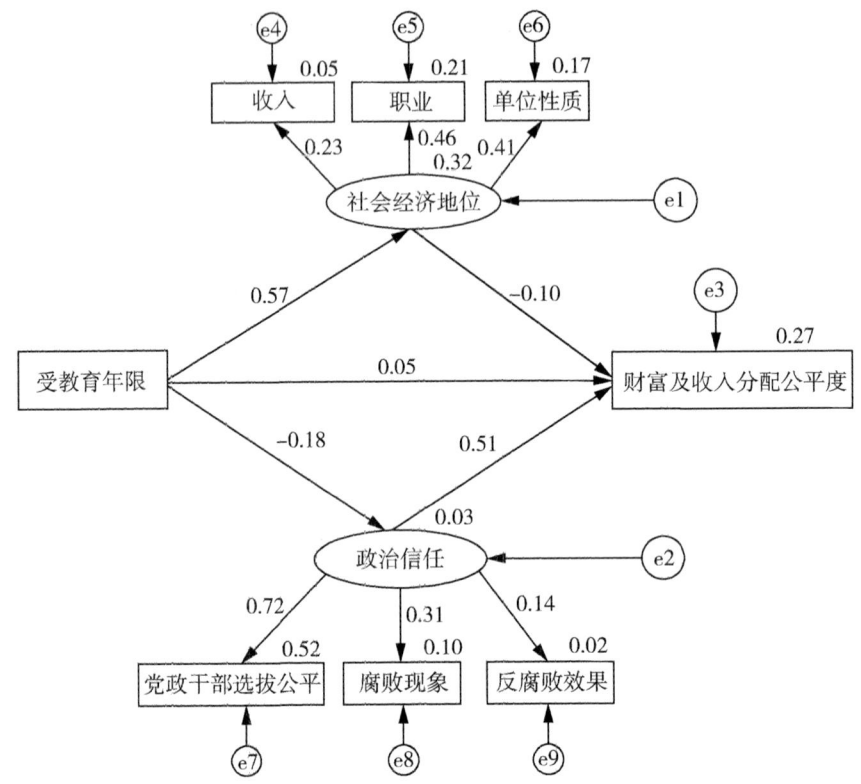

图 9.1 受教育年限与财富收入分配公平结构方程模型

配公平的直接因果关系并不成立。收入、职业、单位性质三个变量能很好地代表社会经济地位隐变量,反腐败效果、腐败现象、党政干部选拔也能很准确地反映政治信任隐变量所包含的内容。

表 9.7　　　　　　　　　　结构方程模型回归结果

变量			非标准化系数	S. E.	C. R.	P
社会经济地位	<---	受教育年限	2091.145	344.786	6.065	***
政治信任	<---	受教育年限	-0.003	0.001	-3.654	***
收入	<---	社会经济地位	1.000			
职业	<---	社会经济地位	0.000	0.000	5.922	***

续表

变量			非标准化系数	S.E.	C.R.	P
单位性质	<---	社会经济地位	0.000	0.000	5.661	***
反腐败效果	<---	政治信任	1.000			
腐败现象	<---	政治信任	1.725	0.404	4.267	***
党政干部选拔	<---	政治信任	5.312	1.208	4.397	***
财富分配公平	<---	社会经济地位	0.000	0.000	-1.844	0.065
财富分配公平	<---	受教育年限	0.006	0.004	1.333	0.183
财富分配公平	<---	政治信任	3.907	0.877	4.456	***

备注：***$p<0.001$

结合图 9.1 和表 9.7 可以得出，结构方程模型的第一条路径——受教育年限对财富分配公平感直接影响作用没有得到验证。因此"假设 9.1a：教育本身会对收入和财富分配公平的感知产生直接作用，且受教育水平越高的人越认为收入和财富分配不公平"并没有通过验证。

结构方程模型的第二条路径，教育→社会经济地位→财富及收入分配公平前半部分通过了方程证明，教育能显著提升人们的社会经济地位，或者说高学历人群大多能获得较高的社会经济地位。社会经济地位到财富与收入分配公平的数据统计不显著说明人们自身社会经济地位的高低并不能影响他们对财富分配公平的判断。同属某一社会经济地位阶层的人在财富分配公平度的感知上并不具有同质性。较高的社会经济地位并不代表人们评价财富分配公平时会以自我利益为中心进而维护现有有利于自身的财富分配制度。较高的学历层次使人们掌握了更多的知识和技能，使他们能够突破自身社会经济阶层的限制，看待所生活的社会时也更具批判精神（怀默霆，2009；李骏、吴晓刚，2012）。因此，"假设 9.1b：教育通过社会经济地位中介变量影响人们收入和财富分配的公平感，受教育程度越高的人越倾向于认为财富分配是不公平的"并没有得到验证。

第三条路径，教育→政治信任→财富及收入分配公平得到了结构方程模型的验证。教育显著（$p<0.001$）地影响着人们的政治信任水平，教育年限每增加一年，人们的政治信任水平下降 0.18 个单位。政治信任的高低也在很大程度上影响着人们对社会财富和收入分配公平的评价，二者的回归系数达到了 0.51。政治信任水平越高的人，就越认可现有的社会财富分配制度。政治信任

水平每提高一个单位，财富分配公平感相应提升0.51个单位。对政治信任变量贡献最大的显变量是党政干部选拔公平，回归系数高达0.72。可见对政府代理人——公务员选拔程序公平度的认知在很大程度上影响着人们的政治信任水平。这里面隐含着人们通过相信干部选拔程序的公平，相信政府会营造一个公平竞争的社会发展秩序，老百姓都有通过自身努力实现向上社会流动的可能性。在这种情况下，即便存在着社会阶层的分化和贫富差距的拉大，人们也都认为是公平的(谢宇，2010)。至此，"假设9.1c：教育通过政治信任的中介变量影响人们对收入和财富分配的公平感，受教育程度越高的人政治信任水平越低，就越倾向于认为财富分配是不公平的"得到验证。

表9.8是对结构方程模型三条路径的总结，教育对财富分配公平的直接影响效应并不显著，因此受教育水平的提升并不能提高人们对社会财富和收入分配公平度的评价。教育通过社会经济地位中介变量对人们财富分配公平感知的间接效应经验证也不成立。只有教育经由提升人们的政治信任度进而提高人们对社会财富分配公平感知度的间接效应比较显著，且路径系数为-0.092，即受教育年限每增加一年，人们对财富分配的公平感评价相应下降0.092个单位。

表9.8 **受教育年限和财富与收入分配公平路径分析**

自变量	因果效应	路径	是否显著	路径效应值
教育	直接效应	教育→财富分配公平	不显著	——
教育	间接效应	教育→社会经济地位→财富分配公平	不显著	——
教育	间接效应	教育→政治信任→财富分配公平	显著	-0.18*0.51=-0.092

四、教育与财富分配公平感的分样本结构方程模型

分样本模型分为男性分样本模型和女性分样本模型，两个分样本的模型拟合指数都较好，达到了做结构方程模型的要求，这里不再列出。鉴于分样本的结构方程模型图与全样本模型类似，这里也不再贴出，仅列出两个样本的回归结果进行比较。

表9.9列出了女性样本结构方程模型的回归结果，与全样本比起来，社会经济地位中介变量和受教育年限变量依然对人们的财富分配公平不产生显著影

响。受教育年限对政治信任中介变量影响的显著性有所下降。

表9.9　　　　　　　　女性样本结构方程模型回归结果

变量			非标准化系数	S.E.	C.R.	P
社会经济地位	<---	受教育年限	1352.112	177.317	7.625	***
政治信任	<---	受教育年限	-0.002	0.001	-2.211	0.027
收入	<---	社会经济地位	1.000			
职业	<---	社会经济地位	0.000	0.000	6.330	***
单位性质	<---	社会经济地位	0.000	0.000	6.183	***
反腐败效果	<---	政治信任	1.000			
腐败现象	<---	政治信任	1.554	0.487	3.188	0.001
党政干部选拔	<---	政治信任	5.374	1.695	3.171	0.002
财富分配公平	<---	社会经济地位	0.000	0.000	-0.937	0.349
财富分配公平	<---	受教育年限	0.001	0.005	0.223	0.823
财富分配公平	<---	政治信任	3.827	1.120	3.419	***

备注：***$p<0.001$

由表9.10可以看出，男性样本中受教育年限对财富分配公平感也具有显著影响效应，这一变量在全样本模型和女性样本模型中都不显著。说明随着受教育程度增加，人们逐渐具备较强的分析和思考社会不平等的能力，并能意识到社会中的不公平现象并做出自己的判断。此外，社会经济地位中介变量对男性财富分配公平感的影响效应也要比女性强得多。

表9.10　　　　　　　　男性样本结构方程模型回归结果

变量			非标准化系数	S.E.	C.R.	P
社会经济地位	<---	受教育年限	3567.668	774.547	4.606	***
政治信任	<---	受教育年限	-0.005	0.002	-3.087	0.002
收入	<---	社会经济地位	1.000			
职业	<---	社会经济地位	0.000	0.000	4.316	***
单位性质	<---	社会经济地位	0.000	0.000	4.256	***

续表

变量			非标准化系数	S.E.	C.R.	P
反腐败效果	<---	政治信任	1.000			
腐败现象	<---	政治信任	1.505	0.428	3.515	***
党政干部选拔	<---	政治信任	3.950	1.105	3.576	***
财富分配公平	<---	社会经济地位	0.000	0.000	-1.814	0.070
财富分配公平	<---	受教育年限	0.019	0.009	2.168	0.030
财富分配公平	<---	政治信任	3.185	0.887	3.593	***

备注：***$p < 0.001$

综合比较男性和女性样本中，教育对财富分配公平感的三条路径可以发现，对女性财富分配公平感产生影响的只有政治信任路径，而对男性财富分配公平感产生影响的还有教育本身的直接效应。"假设9.2：教育对男性和女性财富分配公平感的作用机制不同"得到验证。

表9.11　分样本模型受教育年限和财富与收入分配公平路径分析

自变量	因果效应	路径	是否显著（男）	是否显著（女）
教育	直接效应	教育→财富分配公平	显著	不显著
教育	间接效应	教育→社会经济地位→财富分配公平	不显著	不显著
教育	间接效应	教育→政治信任→财富分配公平	显著	显著

第三节　结　论

转型期我国贫富差距的拉大以及财富积累马太效应的出现，引起了学者对于人们财富分配公平感的担忧。财富分配平等与否是人们对社会财富再次分配状况的测量，公平与否则是人们对于分配结果的主观判断。对社会稳定起着决定作用的是人们对于公平的感知（李骏、吴晓刚，2012）。先前社会发展的经验使人们形成了这样一种心理预设，即越是生活在下层的人们越会产生对现有财富分配制度的不满，那些享受着既有分配制度所带来福利的优势阶层则极力

第三节 结 论

认可并维护现有的分配法则。然而，针对转型期中国的研究则得出了完全相反的结论。即使改革开放后的中国贫富差距日益扩大，基尼系数超出国际警戒线，中下层老百姓却对现有分配制度并没有表示出太多不满，反而是受过良好教育、生活富足的中上层人士对社会公平的负面评价令人担忧。在这种社会大环境下，女性对财富分配公平感是否也产生和男性一样的评价和判断？虽然女性的教育回报率高于男性，平均月收入却比男性低2024元，也存在着财富分配不公平问题。女性对财富分配公平感的判断本身也是对自身财富获取是否公平的一种评判。从女性对这个问题的态度可以看出女性是否具有一些性别意识。

本部分用全样本和性别分样本三个模型分析了教育影响人们财富和收入分配公平感的三条路径，以考察教育对分配公平感产生作用的直接和间接效应。教育的间接效应又分为社会经济地位提升效应和道德教化效应两种类型。教育的社会经济地位效应表现在社会经济地位中介变量，道德教化效应则重点放在教育对人们政治信任水平的影响。

全样本结构方程模型显示，教育本身并不能提升或降低人们的财富与收入分配公平感。虽然受教育程度和社会经济地位有着较强的因果联系，受过高等教育的人更容易获得较高的社会经济地位，但较高的社会经济地位并不能导致人们产生对现有分配制度更公平或更不公平的感知。因此，教育并不能通过社会经济地位中介变量对财富分配公平感产生影响。先前的经验研究结果显示，老百姓对现有分配制度的宽容和接受是建立在，他们相信只要自身足够努力就会流向更高的社会阶层的信念上的。鉴于中国自古以来就有崇尚官本位权威的文化传统，因此第三条路径考察教育通过政治信任中介变量对人们财富分配公平感的作用机制。分析结果发现，教育程度越高的人对政治信任的程度越低，尤其是对党政官员选拔公平机制的信任更低。对政治机制和政府代理人的信任水平直接影响着人们对社会财富分配是否公平的判断。

女性样本的三体分析路径结论与全样本模型类似，男性样本的结论稍有不同。对全样本和女性样本财富分配公平感均不产生直接效应的教育本身对男性财富分配公平感作用显著。再一次说明教育的作用不仅仅是通过社会化过程让人们很好地适应整个社会生活，更重要的是它教会人们学会思考获得智慧，成为一个自由的人。受教育程度越高的人对社会现状的认识越深刻，也越容易发现其中的缺陷和不足。虽然社会给予受教育者的回报使之得以享有经济地位上的优势，但他们仍能突破自身社会阶层的局限表达他们对整个社会问题的不满，推动锻造社会公平制度的进程。另外，从女性对财富分配公平感的评价来看，女性对社会现象和社会问题也有自己的关注和思考。只是女性对社会现象的思考和批判能力还有所欠缺，这也跟女性普遍受教育程度低于男性，没有形成跟独立社会角色想匹配的独立思维有关。

第十章 结论与讨论

本书从第三章到第九章共七章内容着重研究了教育在物质和精神层面对性别差异所造成的影响。2014年武汉市综合社会调查的数据给本书提供了高质量的数据资料,为本书的主要观点提供了强有力的支持。

全书主体部分共有七章,分为三大主要部分。其中教育性别差异的基本分析部分包括第三章教育概况和教育观念的性别差异和第四章教育成就的性别差异。教育在物质层面对性别差异的影响研究部分包括第五章教育回报率的性别差异、第六章教育对就业影响的性别差异。教育在精神层面对性别差异的影响研究部分包括第七章教育对幸福感影响的性别差异、第八章教育对社会信任影响的性别差异、第九章教育对财富分配公平感影响的性别差异三章内容。

第一节 教育性别差异的基本分析

这一部分先是对武汉市样本基本教育概况及女性教育程度和教育态度进行了简单的描述性分析,然后对教育成就的性别差异进行了深入分析。

一、教育概况和教育观念的性别差异结论

本部分主要对武汉市样本所做的描述性分析,包括样本的学历结构,对教育有用性、自身教育满意度以及女性对"学历高不如嫁得好"的选择和评判。

1. 教育概况

采用武汉市的数据分析得出,武汉作为我国教育资源比较丰富的省会城市,人口的教育结构预示了今后全国居民教育结构的发展方向。全国的学历分布呈现小学学历和高等教育学历人数较少,初中、高中学历人数大量增加两头粗、中间细的枣核型。在高等教育大力扩招的今天,武汉市的学历分布相对要好得多。接受过高等教育的人数比例高达25.91%,尽管初中和高中学历人数仍然较多,但基本上小学、初中、高中、大学四个学历层次的比例差距不大,呈现一种相互平行的态势。受教育的性别比例也由小学学历严重的性别不平等

发展到大学阶段基本的两性平等，男性比女性仅高出4个百分点。

对学历结构的性别分析和城乡分析发现，女性各学历层次比例差别不大，其中有23.02%的人接受了高等教育。对于男性来说，小学及以下低学历层次的比例较少，只有11.16%，大学及以上比例与初、高中学历层次相差不大，也占到了29.03%。城镇居民接受过大学及以上教育的比例是最大的，占到了38.39%，只有5.91%是小学及以下学历。农村居民则刚好相反，30.12%的人属于低学历群体，只有11.66%读过大学。受教育程度的城乡差异和性别特征有着某种程度的类似，都显示受教育水平偏低的群体一般是占有社会资源较少的群体。

2. 教育认知和评价的性别差异

或许是由于20世纪90年代前我国居民学历水平普遍较低的缘故，有46.15%的人认为个人接受的教育虽然对工作有帮助但总体来说帮助不大，认为教育对工作有巨大帮助的只占15.54%，而且大部分来自接受过高等教育的群体。对教育有用性的认知存在显著的性别差异，男性比女性更能认识到教育对个人生存和发展的重要意义。认为教育对个人工作帮助巨大的女性中有51%集中在高学历群体。

大部分人表达了对自身教育程度的不满意，同时，他们都认可教育与获得成功的必然联系，且学历越高的人对教育和成功二者关系的认可度越高。可见，教育确实在社会生活中起着改善人们生活、促进人们发展的作用。另一方面，随着社会对整体工作教育程度要求的提高，人们都充分体会到了学历的重要性。相比男性，女性对教育重要性的认知更为深刻。这或许跟女性教育回报率在低收入领域高于男性，为了减少工作中的性别歧视所带来的经济回报的减少，女性也更愿意接受更多的教育有关。

3. 教育与人生评价的性别差异

超过80%的人认可教育程度越高，人生发展越好的说法。对这一说法持非常赞成态度的女性只有11.11%接受过高等教育，持非常反对态度的女性有23.08%读过大学。高学历女性对这一说法的认可态度并不鲜明，说明她们虽然认为接受高等教育有利于个人人生发展，但对人生发展的帮助并没有预期的那么大。这或许是因为高知识分子女性具有开放的思维意识和宽容的社会态度，认为决定个人人生发展的因素有很多，教育并不是唯一的上升通道。另一方面也跟女性传统的思维观念和个人经历有关，女性的发展很大程度上取决于家庭角色的分配。教育在自己的人生发展中并没有扮演十分重要的角色。共有57.45%的男性认为"女性学历高不如嫁得好"，赞成这一观点的女性也占到了

57.83%。可见，社会的主流价值还是以男性为主，女性为辅的社会角色分配，以及"男主外，女主内"的家庭内部分工。女性的地位一直被认为要依附于男性，甚至连女性自己都这么认为。

二、教育成就的性别差异

性别歧视在全世界范围内广泛存在，由于被不平等对待，在分配社会资源时，女性跟男性相比在很多方面处于劣势，在受教育方面也是如此。乡村是对传统文化保存最完整的地方，城市随着经济的发展和相对开放的文化交流，传统观念很容易遭受外来观念得冲击得以改变。父权文化和观念在中国社会得到了很好的沿袭和保存。在以上两个条件的共同作用下，我国农村教育获得的性别不平等要高于城市地区。独生子女政策在一定程度上提高了女性受教育的平等地位，但在多子女家庭，当家庭经济资源不足以满足所有子女的教育需求时，女孩往往被要求牺牲自身平等接受教育的权益来支持家中男孩。家庭经济地位越低，女性的教育权益被侵犯得越严重。随迁进城务工人员子女的教育状况也是对这一结论的有力支持。

除了家庭经济，父亲的教育程度在某种程度上也决定了女性接受教育的平等程度。父亲学历越低，家中女性受教育程度的不平等程度越高。即便不存在家庭经济资源的局限，父亲对女性教育的观念也随着学历的高低而有不同。受教育较多的父亲会把女儿和儿子同等对待，分配家庭资源时也公平的多。学历层次较低的父亲则会持着"女孩子早晚要嫁人，读书再多也无用"的传统观念。要从根本上改善教育获得的不平等程度，提高女性的地位，推进农村地区的经济发展水平，提升农村地区人们的学历水平是重要之举。

教育概况部分分析了武汉市样本的学历结构、两性对教育有用性、自身教育满意程度的态度差异以及女性对"学历高不如嫁得好"的态度认知。这些问题大都是思维层面上的主观感知和体验，具有难以直接观察的特点。教育成就的性别差异得出与男性相比，女性在教育上处于劣势地位的结论，并进一步引出下面关于女性教育回报率和就业上面临的性别歧视。

第二节 教育在物质层面对性别差异的影响

对性别不平等物质层面的研究大都集中在收入和就业领域。收入和就业向来是紧密相连，不可分割的。收入决定了女性的经济地位，职位决定了女性的社会地位。

第十章　结论与讨论

一、教育回报率的性别差异

虽然从事相同工作的女性和男性享受着"同工同酬"的待遇，但武汉市样本表明女性的整体平均收入比男性少2024元。可见，社会在女性工作方面存在着某种隐性的选择和歧视。

1. 工作经验对教育回报率影响的性别差异

先前的研究发现，工作经验、家庭社会经济地位、单位性质和职业都能影响教育回报率的高低。采用武汉市的数据的结论与先前研究结果略有不同。决定两性教育回报率差异的最重要因素就是教育程度和工作经验，在控制教育程度的前提下，工作年限越长，两性的教育回报率差距也越大。当然，这也跟工作中对两性的选择和男、女性的生活重心不同有关。工作中，男性一般很容易受到提拔，女性在职业晋升的过程中则往往会遭受"玻璃天花板"的性别歧视。另外，受社会角色期望的影响，男性更多的把精力放在事业拼搏上，女性则更多地关注家庭。分析结果显示，单位性质和职业对教育回报率性别差异的拉大并无显著影响，反而保护了女性的经济权益，减小了女性与男性的教育回报率差距，与先前的结论相反。

2. 学历层次对教育回报率影响的性别差异

在目前情况下我国"脑体倒挂"的现象还没有得到完全的扭转和改善。教育回报率最高的学历层次并不是高等教育，而是初中学历群体，受过高等教育群体的教育回报率反而是最低的。因此，综合看来，两性的教育回报率差异并没有随着学历层次的提高而拉大。如果分样本来看，男性教育回报率为负，只有女性样本出现了教育程度越高，教育回报率也越高的情况。对于女性来说，要改善自身的社会经济地位，多读书是很有效的一种方式。

3. 家庭背景对教育回报率影响的性别差异

除此之外，家庭背景对教育回报率的性别差异作用也不容忽视。首先，如果家庭的社会经济地位较高，一般子女的教育回报率也都较高。即便同等学历，优势家庭子女也能通过职业选择获得比劣势家庭子女高出很多的收入，进而提高教育回报率。出身于优渥家庭环境的男性和女性教育回报率都为正并随着学历的提升而增加。劣势家庭中，只有女性的教育回报率随着学历逐渐上升，男性出现了教育回报率为负的情况。因此，优势家庭教育回报率的性别差异大于劣势家庭。

二、教育对就业影响的性别差异

国家经济的飞速发展提供了很多各种不同层次的工作岗位，从就业数量上来看，只要愿意工作的人都能找到相应的岗位。因此，教育程度的高低并不能决定人们是否拥有工作，只能决定人们工作的质量。工作质量在本部分操作化为职业阶层、工作性质和单位性质三部分。

1. 教育对职业阶层影响的性别差异

在全样本模型中，教育对职业阶层有显著影响。受教育程度较高的人，比较容易上升至领导层或从事中高技术类工作。从分样本来看，教育对男性和女性职业阶层的影响都不具有统计意义上的显著性，也就是说，教育对职业阶层的影响并没有性别差异。如果从学历层次对职业阶层的作用系数来看，教育程度和职业地位呈正相关关系，学历越高，职业地位也就越高。

2. 教育对工作性质影响的性别差异

这里的工作性质指的是专业技能类工作和体力工作。对于女性来说，囿于先天身体素质的限制，从事纯体力工作和半体力工作的比例小于男性。考虑到教育的作用，发现教育对人们从事哪类性质的工作具有显著影响，并且对男性和女性产生影响的作用力并不相同。虽然现在中专和职高技校培养的就是职业技术型人才，但牵扯高精尖技术和行业前沿技术的从业者都要求经过高等教育的训练。因此教育程度的高低直接决定了人们从事专业技能工作的可能性，对于女性来说尤其如此。男性专业技能工作的从事则更多地受父亲职业地位的影响，父亲职业地位越高，本人工作性质属于技术性工作的几率也就越大。

3. 教育对单位性质影响的性别差异

党政机关和国有企事业单位属于体制内单位，工作不仅旱涝保收，而且不管工作效率如何都享受相同的薪资和福利待遇。因此，这些公有单位成为很多人就业的首要选择。在总体供给大于需求的情况下，公有单位的用人标准也水涨船高。对于男性来说，高中学历和大学及以上学历水平对进入公有单位工作有很大助力作用，而对于女性来说，只有本科及以上学历才对进入到体制内单位工作有所帮助。这一方面说明体制内单位对男性的青睐，另一方面也说明和男性拥有同等学历女性在与男性竞争的过程中还是处于劣势。

教育在物质层面对性别差异的影响研究发现虽然女性的教育回报率普遍高于男性，但整体平均月收入却比男性少 2024 元。进一步挖掘原因发现两性的收入差异归根结底来源于就业中女性的性别劣势和社会性别定位的不同。女性要想达到与男性相等的职业地位和经济地位，必须要接受比男性质量更高、数量更多的教育。由于先前教育机会不公平造成两性受教育机会不平等，又进一步导致女性在收入和就业等物质层面落后于男性。只有改善女性的受教育情况这一境况才能够得到缓解。

第三节 教育在精神层面对性别差异的影响

教育能够影响女性物质层面的提升，也能影响精神层面的主观感知。本部分进入教育对男、女两性精神层面的分析。精神层面很宽泛，包含很多内容，本研究研究选取了与个人福祉和社会秩序稳定、和谐社会建设最为密切的三个领域主观幸福感、社会信任、财富分配公平感进行分析。

一、教育对主观幸福感影响的性别差异

近年来学者们都把提高人们的主观幸福感和生活满意度作为重点关注对象。人类发展的目标就是拥有幸福的生活，如何提升人们的主观幸福感让人们觉得幸福并拥有健康的心理也成为研究的重点领域。

1. 教育影响人们主观幸福感的作用机制

早在1974年伊斯特林就提出著名的"伊斯特林悖论"说明收入和幸福感的关系，后经修正成为"伊斯特林新悖论"。它指出收入水平的增加能提升人们的主观幸福感，但在达到某一临界点后幸福感会出现停滞甚至下降的现象。可见经济因素不是提升人们主观幸福感的唯一因素，人们除了需要物质层面的保障外，还需要精神层面的满足，二者缺一不可。这也就对应了教育的社会经济地位效应和道德规范效应，且在"伊斯特林新悖论"中呈现完全互补的两种情况。

对于教育本身与主观幸福感的关系，研究结果显示在控制其他变量的情况下，随着教育年限的增加，人们的主观幸福感也处于不断提升的状态。受教育越多人们的主观幸福感也就越强。数据分析结果也再一次证明了"伊斯特林悖论"的正确性，人们的幸福感随着社会经济地位的提升而相应增加。显然，武汉市居民的收入水平还没有富足到到达幸福感临界点的情况，因此高收入也就意味着高主观幸福感。那么与此相反的教育道德规范效应也就对人们的主观幸福感发挥不了什么作用。通过教育的教化作用增加人们对社会不平等的容忍程度从而提高人们的幸福感是在经济基础已经十分殷实的前提下才会出现的意识层面的改观。我国还处于发展阶段，经济基础仍然是人们主观幸福感的重要保证。

2. 教育对幸福感影响的性别差异

分别对教育影响男、女两性主观幸福感的作用机制进行分析发现，女性的主观幸福感指数普遍低于男性。教育本身、教育社会经济地位、教育道德规范效应均能对男、女性的主观幸福感产生显著作用。受教育年限的增加能够从整体上提升人们的幸福感指数，并且对女性幸福感提升的幅度大于男性。教育本身对两性幸福感的影响作用是最大的，并且对女性的影响作用大于男性。其次是教育的社会经济地位效应，教育程度的增加能够提升人们的社会经济地位，增加人们的收入，从而提高人们的主观幸福感指数。教育的社会经济地位路径对男性的作用力大于女性，道德规范效应则对女性的幸福感提升作用更大一些。从对两性幸福感路径效应大小可以看出，要改善人们的主观幸福感，对男性要重点改善物质条件，对女性则要注重社会整体文化规范和价值观的梳理。

二、教育对社会信任影响的性别差异

在社会转型时期，我国经历着由熟人社会向生人社会过渡的局面，带来的直接结果就是人们普遍信任程度的下降，以及所带来的信任危机。教育在提升社会普遍信任水平方面同样发挥着重要作用。

1. 教育影响人们社会信任的作用机制

首先，从教育本身来看，受教育程度和个人的社会信任水平并不是呈直线上升关系，而是呈 U 形。在高中学历群体达到社会信任最低点，在最低学历和最高学历达到高点，又以大学学历群体的社会信任水平最高，但总体差异不明显。其次，教育程度与社会经济地位呈正向相关关系并没有通过验证，对人们社会信任水平产生影响的更多的是教育的道德教化效应——对人们正确价值观和社会规范遵守的教化。

对比全国样本分析结果发现，教育的社会经济地位效应和道德教化效应具体哪种效应发挥作用跟区域范围有关。在武汉样本中，由于相对封闭的区域范围，人们共享相同的语言文化和价值观，整个社会还保留相当程度的熟人社会的特性。熟人社会中人们对陌生人的信任更多地是建立在对社会道德水平的评价和社会规范的遵守上，而跟人们在不同经济阶层的社会经历无关。在全国样本中则刚好相反，在开放的环境中，人们彼此都是陌生人，见识到很多破坏社会规范和道德价值观行为的存在使人们很难再建立起对彼此的普遍信任。经济地位高的人由于对社会阳光一面的接触较多也更愿意相信他人是善意的、可以信任的。经济地位较低的人从小接触的都是社会的黑暗面，也更倾向用恶意来揣测别人，因而社会普遍信任水平较低。

2. 教育对社会信任影响的性别差异

在熟人社会中，社会信任水平主要靠社会秩序和伦理道德价值观进行规范。数据分析发现在全样本模型中受过高等教育的人普遍社会信任水平较高，但在男、女性分样本中的影响效应不再具有统计意义上的显著性。教育的社会经济地位效应也不能对提升男性和女性的社会信任水平产生显著作用。只有人们对社会秩序良性运行的信任才能增加他们对陌生人的信任度。此时，教育的道德规范效应发挥着维系社会秩序和谐人际关系的作用，并且这一作用对女性的影响大于对男性的影响。

在生人社会对社会信任程度发挥作用的是教育的社会经济效应。读过大学的人普遍社会信任水平较高，无论男性还是女性皆如此，女性高级知识分子对陌生人的信任程度比同学历男性高。这是高等教育本身对人们信任水平的直接作用。高等教育的社会经济地位效应对男性社会信任提升的幅度又比女性高。可见，高等教育在生人社会对男、女两性的作用机制也是不同的，对男性的影响主要是通过经济地位和职业地位的提升，对女性的作用则更多地是对女性思维观念和思考能力的影响。

三、教育对财富分配公平感影响的性别差异

贫富差距拉大是改革开放的必然结果。很多学者担心贫富差距超过某一警戒线会引起人们对财富分配公平的不满进而引起社会的动荡不安。因此，人们主观意识上的公平感具有非常重要的意义。女性对社会财富分配感的评价同时也显示出她们对两性收入差距的态度。

1. 教育影响人们社会信任的作用机制

教育本身对人们财富分配公平感无法产生直接作用。它通过提升人们社会经济地位和通过教化人们增加知识学会思考，增强对外部环境的批判意识和能力的非经济效应产生间接地影响作用。教育程度并不会直接提升或降低人们的财富分配公平感，大学学历的人可能和小学学历的人具有相同的分配公平感知。这或许是由于人们对于公平的感知来自与周围人所得/付出的比较，高学历人群的参照群体也是具有相似学历结构背景的人，小学学历的亦然。因此，单单从受教育程度考虑，高知识分子并不必然比低学历者具有更多的分配公平感或不公平感。同样的，由于教育程度带来的人们社会经济地位分层的差异，人们公平感也来自对相同阶层群体的比较。由于参照群体的不同，来自不同社会经济地位群体的财富分配公平感也就没有显著差异。

在财富分配公平感知方面，教育更多地是发挥其道德教化效应——对人们

思考能力的培养。随着受教育程度的增加，人们的知识面得以扩展并变得更有智慧，能对周边的事物进行独立思考得出理性结论。我国国情比较特殊，人们普遍都比较关心政治，在政府代理人的贪污腐败已经成为整个社会热点话题的情况下，人们对财富分配公平感的评价会重点参考政府代理人财富获得的公平。因此政治信任的高低会影响到人们的财富分配公平感。政治信任水平高的人会倾向于认为财富分配是公平的，反之亦然。虽然教育本身和教育所带来的经济效应并不能造成分配公平感的显著差异，但作为教化结果的认知和批判能力却能影响人们的政治信任水平。受教育程度越高的人，对政治信任的程度越低，也就越不认可财富分配的公平度。相反，学历层次低的人，由于接触政府代理人的机会较少，见到的腐败现象也不多，在生活水平得到普遍改善的情况下，更愿意认为政府和政府代理人是值得信任的，因此具有较高的政治信任水平，亦具有较高的财富分配公平感。

2. 教育对财富分配公平感影响的性别差异

教育能从总体上减弱人们对财富分配公平的认可度，教育程度越高的人越认为财富分配是不公平的。但在分样本中单独分析教育对男性和女性财富分配公平感的影响发现，教育作用只能影响男性的财富分配公平感，对女性这一态度的效果不再显著。教育的社会经济地位效应并不能改变人们对财富分配不公平的态度，对此也不存在性别差异。只有教育的道德规范效应作用下的政治信任水平影响着两性的分配公平感。认可党政干部选拔秩序公平的人也更容易形成财富分配比较公平的主观意识。总的来说，教育对男性和女性财富分配公平感的作用机制也不相同，对女性的影响只有道德规范层面的意识，对男性的影响还有教育本身所赋予的独立思考能力。

总体来说女性在主观幸福感和社会信任方面的自我评价都比男性低，只有在财富分配公平感评分比男性高。回归分析中女性和男性对主观幸福感、社会信任和财富分配公平回归系数都不具有统计意义上的显著差别。说明一方面女性和男性共享共同的文化，思维层面受到的道德教化也是相同的；另一方面说明女性长期处于男性的附庸地位，还没有形成自己独立的意识和较强的思考批判能力。深入分析会发现，虽然性别差异不显著，但教育对两性作用机制的效应是不同的。当用结构方程模型分别考察教育本身、教育经济地位效应、教育道德教化效应对男、女两性影响机制差异时，会发现教育通过提升社会经济地位影响人们幸福感和对他人信任的效应对男性的作用力大于女性，而教育的道德规范效应对女性的作用力大于男性。教育财富分配公平感的作用机制分析发现，除去教育道德规范效应对男女两性都有影响外，受教育程度本身还能影响男性对财富分配公平的感知。受教育程度越高的男性，越具有独立思考能力和批判现实的思维意识，也就越觉得财富资源分配是不公平的。这说明女性很少关注物质财富方面的内容，她们对物质层面的不敏感，一方面表现为对社会财富在不同职业分配的不敏感，另一方面还表现在对两性收入差距的不关注。再次说明，由于长久以来社会角色设定和男性偏重理性女性更为理性的生理特质，教育的作用更主要地体现在对女性精神福祉方面的提升。

第四节 讨 论

女性和男性相比，无论是社会地位还是在社会资源分配中都处于不对等状态，很多人把这种现象冠之以"性别歧视"的名号。这种不对等或不平等一方面表现为女性受教育机会少于男性，即便经过努力获得了高等学历，收入和就业机会方面还是无法与男性匹敌；另一方面表现为女性思维意识的不独立。传统文化一直把女性当成男性的附庸，女性的社会角色也被定位为依附男性存活。主流价值观长期潜移默化的影响使女性失去了独立的思维意识和性别平等的观念。在精神层面女性也没有表达自身的愿望和建立女性话语权的意识。对于很多问题的价值判断都显示出女性与男性高度的同质性。共享中华文明五千年的文化和主流价值观固然是其中一个重要原因，另一方面思维意识的高度趋同也代表着女性独立思考能力的丧失。这恰恰也是另一种形式的性别不平等。以往研究对女性物质层面不平等的关注较多，对女性意识层面不平等的关注较少。

关于女性收入和职业地位的不平等，本研究首先归结为女性教育机会的不平等。因为本研究数据来自社会综合调查，能接触到的最小年龄者出生于1996年，因而无法得出90后新生代的整体受教育状况。李春玲综合了1998—2012年间大学生在校学生数量及性别比例发现，女性大学生比例逐年增加，到2009年首次超过男性占到了50.48%的比例，并仍有持续增长的趋势（李春玲，2016）。然而，受教育程度的增加并没有改善女性在就业和收入上的不对等地位。女性大学生在就业中由于性别劣势不仅要受到重点本科男毕业生的压制，还面临着普通本科男毕业生的竞争，导致她们的工作职位和收入都不理想（李春玲，2016）。为了减少性别歧视对自身求职的影响，女性只能用更加努力的学习和更高的学历去弥补这一缺陷。

对于女性收入和职业地位的不平等还有一个重要原因是女性几千年来被设定的社会角色地位——女性担负着照顾家庭、生育子女的责任。为此，很多女性生活重心由工作转移到家庭,导致工作兴趣和工作能力的长期低迷。公有制单位完善的社会保障制度使女性得以保持长期的工作低迷状态而不被解雇(李春玲,2016)。长期经验积累下来,加重了用人单位对女性歧视和男性偏好的用人选择,导致女性体制内就业的更加困难。很多体制外女性由于工作得不到保障,在生育子女时选择辞职回家照顾,孩子长大再出来工作。长期的与社会脱节与性别歧视交叠在一起,使他们不得不从事一些低层次工作(吴愈晓,2010;李春玲,2016)。这又进一步导致了女性收入和职业地位与男性的不对等。

要实现女性精神层面与男性的平等首先还是需要接受高层次的教育。虽然女性独立的思维和意识还没有被人关注,但随着高学历女性的增多,她们也在逐渐试着发出自己的声音。教育作用机制的路径分析发现,女性作为感性的动物她们的主观思维意识更容易被社会主流价值观和社会规范左右。教育作为肩负文化传承和道德秩序维护的主要工具,对女性精神层面的提升起着其他任何事物不可比拟的重要作用。受教育程度提高能提升女性的主观幸福感,知识积累和思考能力的培养也增加女性辨别是非的能力从而增加对他人的信任,社会机会的平等分配和向上流动的通道畅通也能促使女性在财富分配公平和性别公平方面表达自己的观点。

两性地位的平等和女性社会地位的提升是一个长期的过程,需要社会各个主体协同作用。教育是实现女性物质层面和精神层面的独立和提升的重要途径。它不仅能够给女性带来经济地位的独立,还能赋予她们思考社会现象的能力和批判社会现实的态度,在增加女性精神福祉方面也卓有成效。一方面,要完善女性就业和职业晋升制度;另一方面也要关注生长在农村和城市下层家庭女性的教育权利问题。只有女性的物质和精神得到满足,人类的优秀基因才会得到传承和发展。

附录 问卷中与研究相关的问题

A1. 首先，请您告诉我您家有几口人？他们和您是什么关系？

a. 与受访者关系：	b. 性别 1. 男 2. 女 7. [去世/不适用]	c. 出生年份： 9998. [不清楚]	d. 政治面貌： 1. 中共党员 2. 共青团员 3. 民主党派 4. 群众 5. 其他 8. [不清楚]	e. 教育程度【出示示卡第1页】： 01. 未上学 02. 小学 03. 初中 04. 高中 05. 中专 06. 职高技校 07. 大学专科 08. 大学本科 09. 研究生 10. 其他 98. [不清楚]
1 受访者本人	[___]	[___ | ___ | ___ | ___]年	[___]	[___ | ___]
2 受访者父亲	[___]	[___ | ___ | ___ | ___]年	[___]	[___ | ___]
3 受访者母亲	[___]	[___ | ___ | ___ | ___]年	[___]	[___ | ___]
4 配偶	[___]	[___ | ___ | ___ | ___]年	[___]	[___ | ___]

A2. 您家庭成员的主要职业属于下列哪类？【出示示卡第2页】【不适用填97】

		父亲(包括退休前)	母亲(包括退休前)	配偶(包括退休前)
1	党群机关干部			

续表

		父亲(包括退休前)	母亲(包括退休前)	配偶(包括退休前)
2	工商企业管理人员			
3	科学技术人员			
4	医务人员			
5	大学教师			
6	中小学教师			
7	新闻工作者			
8	财务人员			
9	商业、服务业从业人员			
10	公司职员			
11	律师			
12	文艺工作者			
13	军人、警察			
14	个体经营者			
15	工人			
16	农民			
17	其他(请说明)			

A3a. 您目前的户口性质是：(单选)

　　农业户口 ··· 1

　　非农业户口 ·· 2

　　居民户口(之前是非农业户口) ······································ 3

　　居民户口(之前是农业户口) ··· 4

　　其他(请注明)_____ ·· 5

B1. 请问您目前的工作情况是：(单选)

　　有工作 ·· 1→跳问 B3a

　　有工作，但目前休假、学习，或临时停工、歇业 ········· 2→跳问 B3a

　　没有工作【请访问员按"工作"定义进行解释、追问及确认】········· 3

B3b. 请问您目前主要的非农工作(职业)是什么？(请详细说明职务、岗位、工种和工作内容等。如果您的工作活动属于家庭经营、个人单独做事或无

附录 问卷中与研究相关的问题

具体工作单位就请告诉我您所做的具体事）【访问员请参照职业编码表进行追问并详细记录】

　　记录工作单位名称(全称)：_____

　　记录具体职务、职称、行政级别、岗位、工种：_____

　　记录具体工作内容：_____

　　[____|____|____]

B3f. 今年以来，您这份非农工作平均每月给您带来多少收入？

【请将具体数字填写在横线上，并在最前面一位加入"￥"；[不适用]为9999997，[拒绝回答]为9999999】

项　目	钱数(元)					
	百万	十万	万	千	百	十	个
a. 工资、薪金(含津贴和补助)	[____]	[____]	[____]	[____]	[____]	[____]	[____]
b. 奖金及提成	[____]	[____]	[____]	[____]	[____]	[____]	[____]
c. 经营和投资所得利润和分红【如果是年终结算，请推算一下每月平均所得；持有本企业股份的职工也应填答】	[____]	[____]	[____]	[____]	[____]	[____]	[____]
d. 其他收入(请注明)_____	[____]	[____]	[____]	[____]	[____]	[____]	[____]

B3g. 您认为您的这份工作性质属于：(单选)【出示示卡第6页】

　　需要很高专业技能的工作 ……………………………… 1

　　需要较高专业技能的工作 ……………………………… 2

　　需要一些专业技能的工作 ……………………………… 3

　　半技术半体力工作 ……………………………………… 4

　　体力劳动工作 …………………………………………… 5

　　其他(请注明) …………………………………………… 6

B4a. 您从事这份非农工作所在的单位/公司是：(单选)【出示示卡第7页】

　　党政机关、人民团体、军队 …………………………… 1

　　国有企业及国有控股企业 ……………………………… 2

　　国有/集体事业单位 …………………………………… 3

　　集体企业 ………………………………………………… 4

私营企业 ………………………………………………………… 5
三资企业 ………………………………………………………… 6
个体工商户 ……………………………………………………… 7
协会、行会、基金会等社会团体或社会组织 ………………… 8
民办事业单位(民办非企业单位) ……………………………… 9
社区居委会、村委会等自治组织 ……………………………… 10
其他(请注明) …………………………………………………… 11
没有单位 ………………………………………………………… 12
[不清楚] ………………………………………………………… 98

B10. 请您告诉我，去年(2013年)您个人的收入是：

项 目	金额(元)						
	千万	百万	十万	万	千	百	十	个
a. 总收入	[__]	[__]	[__]	[__]	[__]	[__]	[__]	[__]
b. 工资、奖金(包括提成、补贴等)等劳动报酬收入；兼职收入、业余劳务收入(如稿酬、课酬、各种临时帮工酬劳等)	[__]	[__]	[__]	[__]	[__]	[__]	[__]	[__]
c. 退休金(单位给的)	[__]	[__]	[__]	[__]	[__]	[__]	[__]	[__]
d. 养老保险金(社会保险机构给的)	[__]	[__]	[__]	[__]	[__]	[__]	[__]	[__]
e. 最低生活保障金、困难补助等社会救助收入；村集体提供的福利收入(如分红、补贴等)	[__]	[__]	[__]	[__]	[__]	[__]	[__]	[__]
f. 个人农业经营纯收入(含各种农业补贴)	[__]	[__]	[__]	[__]	[__]	[__]	[__]	[__]
g. 经商办厂和投资所得利润和分红(持有本企业股份的职工也应填答)	[__]	[__]	[__]	[__]	[__]	[__]	[__]	[__]
h. 金融投资理财收入(债券、存款、放贷等的利息收入，股票投资收入及股息、红利收入等)	[__]	[__]	[__]	[__]	[__]	[__]	[__]	[__]
i. 其他收入(请注明)_____	[__]	[__]	[__]	[__]	[__]	[__]	[__]	[__]

E3. 请用1~10分来表达您对以下项目的满意程度，1分表示非常不满意，10分表示非常满意：（每行单选）

		非常不满意									非常满意
a	您的教育程度	1	2	3	4	5	6	7	8	9	10
b	您的健康状况	1	2	3	4	5	6	7	8	9	10
c	您的社交生活	1	2	3	4	5	6	7	8	9	10
d	您的家庭关系	1	2	3	4	5	6	7	8	9	10
e	您的家庭经济情况	1	2	3	4	5	6	7	8	9	10
g	总体来说，您对生活的满意度	1	2	3	4	5	6	7	8	9	10

G14. 请对下列相关问题进行打分评价，最低1分，最高10分。（每行单选）【出示示卡第25页】

	评价内容					打	分				
b	中国社会的秩序与和谐状态	1	2	3	4	5	6	7	8	9	10
c	中国社会的诚信程度	1	2	3	4	5	6	7	8	9	10

G15. 您认为现在我国下列现象公平程度如何？【出示示卡第26页】

	类别	非常不公平	不太公平	比较公平	非常公平	不好说
f	工作与就业机会	1	2	3	4	8
j	选拔党政干部	1	2	3	4	8

G17. 您认为目前党和政府的反腐败工作效果明显吗？（单选）【出示示卡第28页】

很明显 ··· 1
比较明显 ··· 2
不太明显 ··· 3
很不明显 ··· 4

　　　　[不好说] ·· 8
　H7. 您的学校教育对您当前所从事工作的帮助(单选)
　　　帮助巨大 ·· 1
　　　有点帮助 ·· 2
　　　不清楚 ·· 3
　　　帮助不大 ·· 4
　　　完全没帮助 ·· 5
　　　当前没工作 ·· 6
　H9. 对于下列说法，请表明您的态度。其中"1"表示非常反对，"2"表示比较反对，"3"表示比较赞成，"4"表示非常赞成。(每行单选)【出示示卡第35页】

		非常反对	比较反对	比较赞成	非常赞成
a	受教育程度越高，个人人生发展越好。	1	2	3	4
f	对于女人来说，学历高不如嫁得好。	1	2	3	4

参 考 文 献

一、中文参考文献

[1]埃里克·尤斯拉纳.信任的道德基础[M].张敦敏,译.北京:中国社会科学出版社,2006:3-18.

[2]白锐,罗龙真.收入不平等与社会信任水平相关性:基于量化分析的实证检验[J].武汉大学学报(哲学社会科学版),2014,2:15-19.

[3]北大青年学人讲坛.信任的危机——中国当代社会热点问题十三讲[M].北京:团结出版社,2003:35-56.

[4]彼得·什托姆普卡.信任——一种社会学理论[M].程胜利,译.北京:中华书局,2005:32-56.

[5]边燕杰,肖阳.中英居民主观幸福感比较研究[J].社会学研究,2014,2:22-42.

[6]陈灿锐,高艳红,申荷永.主观幸福感与大三人格特征相关研究的元分析[J].心理科学进展,2012,1:19-26.

[7]陈纯槿.谁是高等教育的最大受益者?——来自转型中国的经验证据[J].北京大学教育评论,2012,4:135-152.

[8]丹尼尔·U.莱文,瑞依娜·F.莱文.教育社会学(第九版)[M].郭峰,黄雯,郭菲,译.北京:中国人民大学出版社,2010:175-189.

[9]邓敏婕.教育回报率估算方法及近期国内主要研究结果[J].经济视角,2012,2:124-126.

[10]董宝良.陶行知教育论著选[M].北京:人民教育出版社,2011:283,357.

[11]董海军、郭云珍.中国社会福利分层:一个多维结构视角的分析[J].中共天津市委党校学报,2010,1:37-42.

[12]杜鹏.我国教育发展对收入差距影响的实证分析[J].南开经济研究,2005,4:37-46.

[13] 杜两省,彭竞. 教育回报率的城市差异研究[J]. 中国人口科学, 2010, 5: 85-94.

[14] 范逢春. 特大城市社会治理机制创新研究——基于整体性治理的维度[J]. 云南社会科学, 2014, 6: 146-151.

[15] 菲利普·W.杰克森. 什么是教育[M]. 吴春雷,马林梅,译. 合肥:安徽人民出版社, 2012: 153-156.

[16] 弗朗西斯·福山. 信任——社会美德与创造经济繁荣[M]. 彭志华,译. 海口:海南出版社, 2001: 1-8.

[17] 高良,郑雪,严标宾. 当代幸福感研究的反思与整合——幸福感三因素模型的初步建构[J]. 华南师范大学学报(社会科学版), 2011, 5: 129-136.

[18] 高梦滔,张颖. 教育收益率、行业与工资的性别差异:基于西部三个城市的经验检验[J]. 南方经济, 2007, 9: 89-97.

[19] 高星. 转型期社会信任缺失问题研究[J]. 湖北社会科学, 2013, 4: 52-54.

[20] 葛玉好. 教育回报异质性研究[J]. 南方经济, 2007, 4: 131-139.

[21] 郭继强,姜俪,陆利丽. 工资差异分解方法述评[J]. 经济学, 2011, 2: 363-414.

[22] 郭永玉,李静. 武汉市居民幸福感现状的调查与思考[J]. 华中师范大学学报(人文社会科学版), 2009, 6: 136-140.

[23] 韩克庆. 社会安全网:中国的社会分层与社会福利建设[J]. 社会科学研究, 2008, 5: 121-127.

[24] 郝大海. 中国城市教育分层研究(1949—2003)[J]. 中国社会科学, 2007, 6: 94-107.

[25] 何立新,潘春阳. 破解中国的"Easterlin悖论":收入差距、机会不均与居民幸福感[J]. 管理世界, 2011, 8: 11-22.

[26] 胡德海. 论教育的功能问题[J]. 西北师大学报(社会科学版), 1999, 36(2): 4-10.

[27] 胡荣,李静雅. 城市居民信任的构成及影响因素[J]. 社会, 2006, 6: 45-61.

[28] 怀默霆. 中国民众如何看待当前的社会不平等[J]. 社会学研究, 2009, 1: 96-120.

[29] 黄嘉文. 教育程度、收入水平与中国城市居民幸福感[J]. 社会, 2013,

33(5):181-203.

[30] 黄健,邓燕华.高等教育与社会信任:基于中英调查数据的研究[J].中国社会科学,2012,11:98-111.

[31] 黄秀华.政治公平在社会公平实现过程中的地位和作用[J].理论与改革,2008,2:19-22.

[32] 蒋亚丽.教育的文化再生产与社会阶层的向上流动[J].广州大学学报(社会科学版),2015,14(2):45-51.

[33] 考斯塔·艾斯平·安德森.福利资本主义的三个世界[M].郑秉文,译.北京:法律出版社,2003:31-37.

[34] 理查德·伊斯特林等著.中国的主观幸福感研究(1990—2010)[J].丁云,么莹莹,译.国外理论动态,2013,7:24-31.

[35] 李春玲.断裂与碎片——当代中国社会阶层分化实证分析[M].北京:社会科学文献出版社,2005:37-46.

[36] 李春玲、吕鹏.社会分层理论[M].北京:中国社会科学出版社,2008:134-140.

[37] 李春玲.教育地位获得的性别差异——家庭背景对男性和女性教育地位获得的影响[J].妇女研究论丛,2009,1:5-14.

[38] 李春玲.高等教育扩张与教育机会不平等——高校扩招的平等化效应考查[J].社会学研究,2010,3:47-56.

[39] 李春玲."男孩危机""剩女现象"与"女大学生就业难"——教育领域性别比例逆转带来的社会性挑战[J].妇女研究论丛,2016,2:33-39.

[40] 李骏,吴晓刚.收入不平等与公平分配:对转型时期中国城镇居民公平观的一项实证分析[J].中国社会科学,2012,3:114-128.

[41] 李培林、李强、孙立平等著.中国社会分层[M].北京:社会科学文献出版社,2004:87-96.

[42] 李强,刘精明.影响中国城市居民收入的"先赋因素"与"自致因素"[J].中国社会科学季刊,2000,30:34-40.

[43] 李树,陈刚.幸福的就业效应——对幸福感、就业和隐性再就业的经验研究[J].经济研究,2015,3:62-73.

[44] 李涛等.什么影响了居民的社会信任水平?——来自广东省的经验证据[J].经济研究,2008,1:137-152.

[45] 刘精明.劳动力市场结构变迁与人力资本收益[J].社会学研究,2006,6:89-119.

[46] 刘军强,熊谋林,苏阳.经济增长时期的国民幸福感——基于CGSS数据的追踪研究[J].中国社会科学,2012,12:82-102.
[47] 刘欣.相对剥夺地位与阶层认知[J].社会学研究,2002,1:81-90.
[48] 刘欣.当前中国社会阶层分化的多元动力基础——一种权力衍生论的解释[J].中国社会科学,2005,4:101-114.
[49] 雷开春,张文宏.城市新移民的社会信任及其与社会交往的关系剖析[J].江苏行政学院学报,2012,6:59-64.
[50] 雷蒙德·艾伦·蒙罗,卡洛斯·阿尔伯特·托雷斯.社会理论与教育——社会与文化再生产理论批判[M].宇文利,译.上海:上海人民出版社,2012:21-26.
[51] 林桂榛.论古人的社会治理思想——以先秦儒家为中心[J].孔子研究,2015,3:44-50.
[52] 林卡,柳晓青,茅慧.社会信任和社会质量:浙江社会质量调查的数据分析与评估[J].江苏行政学院学报,2010,4:61-67.
[53] 林嵩.结构方程模型原理及AMOS应用[M].武汉:华中师范大学出版社,2008:37-69.
[54] 卢春龙.社会信任与我国城市社区治理[J].华中师范大学学报(人文社会科学版),2009,3:32-38.
[55] 罗伯特·K.默顿.社会理论和社会结构[M].唐少杰,齐心,译.北京:译林出版社,2008:108-182.
[56] 吕红平.中国性别文化的变迁及其现实意义[J].河北大学学报(哲学社会科学版),2010,5:12-16.
[57] 马得勇.政治信任及其起源——对亚洲8个国家和地区的比较研究[J].经济社会体制比较,2007,5:79-86.
[58] 马俊峰,白春阳.社信任模式的历史变迁[J].社会科学辑刊,2005,2:39-44.
[59] 马磊,刘欣.中国城市居民的分配公平感研究[J].社会学研究,2010,5:31-49.
[60] 马岩、杨军等,我国城乡流动人口教育回报率研究[J].人口学刊,2012,2:64-73.
[61] 孟天广.转型期中国公众的分配公平感:结果公平与机会公平[J].社会,2012,6:18-26.
[62] 孟天广.转型期的中国政治信任:实证测量与全貌概览[J].华中师范大

学学报(人文社会科学版),2014,2:1-10.

[63] 苗元江.跨越与发展——主观幸福感的过去、现在与未来[J].华南师范大学学报(社会科学版),2011,5:122-128.

[64] 南京师范大学教育系.教育学[M].北京:人民教育出版社,1985:1;88.

[65] 尼克拉斯·卢曼.信任[M].瞿铁鹏、李强,译.上海:上海世纪出版集团,2005:1-10.

[66] 牛建林,齐亚强.中国社会经济发展的地区差异对男女教育均衡的影响[J].中国人口科学,2010年增刊,2010:132-141.

[67] 祁翔,周金燕.教育回报率的家庭背景差异[J].教育科学,2015,31(3):16-25.

[68] 丘海雄、李敢.国外多元视野"幸福"观研析[J].社会学研究,2012,2:224-241.

[69] 邱国良.多元与权威:农村社区转型与居民信任[J].国家行政学院学报,2014,6:45-49.

[70] 石中英,张夏青.30年教育改革的中国经验[J].北京师范大学学报(社会科学版),2008,5:22-32.

[71] 沈健,胡娟.我国不同时期个人高等教育经历与收入关系的比较研究[J].教育科学,2012,28(3):48-53.

[72] 孙三百等.城市规模、幸福感与移民空间优化[J].经济研究,2014,1:97-111.

[73] 孙志军.高校扩招使得个体就业状况更糟糕吗?[J].北京师范大学学报(社会科学版),2013,1(2):108-115.

[74] T.胡森,T.N.波斯尔斯韦特,L.J.萨哈.教育大百科全书之教育社会学[M].刘慧珍,译.重庆:西南师范大学出版社,2011:8.

[75] 佟新.30年中国女性/性别社会学研究[J].妇女研究论丛,2008,3:66-74.

[76] 汪汇,陈钊,陆铭.户籍、社会分割与信任:来自上海的经验研究[J].世界经济,2009,10:81-96.

[77] 王甫勤.人力资本、劳动力市场分割与收入分配[J].社会,2010,1:109-126.

[78] 王文胜.居民信任水平的城乡差异分析[J].中南财经政法大学学报,2009,3:68-72.

[79] 王文静, 刘彤, 陈漫雪. 教育回报的城乡差异与收入传递机制[J]. 湖南农业大学学报(社会科学版), 2015, 16(1): 90-95.

[80] 翁定军. 阶级或阶层意识中的心理因素: 公平感和态度倾向[J]. 社会学研究, 2010, 1: 85-110.

[81] 吴刚. 教育社会学的前沿议题[M]. 上海: 上海教育出版社, 2011: 36-42.

[82] 吴坚. 高等教育与社会流动的关系分析[J]. 华南师范大学学报(社会科学版), 2012, 4: 28-31.

[83] 吴愈晓. 影响城镇女性就业的微观因素及其变化: 1995年与2002年比较[J]. 社会, 2010, 30(6): 136-155.

[84] 吴愈晓. 中国城乡居民教育获得的性别差异研究[J]. 社会, 2012, 4: 112-137.

[85] 吴愈晓, 黄超. 中国教育获得性别不平等的城乡差异研究——基于CGSS2008数据[J]. 国家行政学院学报, 2015, 2: 41-47.

[86] 吴愈晓, 吴晓刚. 城镇的职业性别隔离与收入分层[J]. 社会学研究, 2009, 4: 88-111.

[87] 向德平, 李红. 个人理性选择、社会制度环境与居民信任度差异[J]. 重庆社会科学, 2014, 4: 39-52.

[88] 谢宇. 认识中国的不平等[J]. 社会, 2010, 3: 1-20.

[89] 谢治菊. 政治信任的含义、层次(结构)与测量——对中西方学界相关研究的述评[J]. 南昌大学学报(人文社会科学版), 2011, 4: 10-15.

[90] 邢春冰. 教育扩展、迁移与城乡教育差距——以大学扩招为例[J]. 经济学, 2013, 13(1): 207-232.

[91] 邢晓明. 城市社区居民信任关系探析[J]. 黑龙江社会科学, 2008, 1: 143-145.

[92] 邢占军, 张羽. 社会支持与主观幸福感关系研究综述[J]. 心理科学, 2007, 6: 1436-1438.

[93] 邢占军. 城乡居民主观生活质量比较研究初探[J]. 社会, 2006, 1: 130-141.

[94] 邢占军. 我国居民收入与幸福感关系的研究[J]. 社会学研究, 2011, 1: 196-219.

[95] 许涛. 分割与边际效益递增: 中国城镇个人教育回报的特征与变化趋势——基于CGSS2005的多层次分析[J]. 武汉大学学报(哲学社会科学

版),2013,1:109-114.

[96] 薛二勇. 论教育公平发展的三个基本问题[J]. 教育研究,2010,10:24-32.

[97] 薛进军,高晓淳. 再论教育对收入增长与分配的影响[J]. 中国人口科学,2011,2:2-11.

[98] 阎光才. 教育的功能、功用到功效——20世纪西方公共教育政策价值取向的演进逻辑[J]. 比较教育研究,2002,3:7-12.

[99] 闫健. 居于社会与政治之间的信任——兼论当代中国的政治信任[J]. 南昌大学学报(人文社会科学版),2008,1:26-31.

[100] 杨明,孟天广,方然. 变迁社会中的社会信任:存量与变化——1990—2010年[J]. 北京大学学报(哲学社会科学版),2011,6:100-109.

[101] 姚轮轮,张莉琴. 中国农村居民教育回报率的变化趋势[J]. 天津农业科学,2013,4:63-67.

[102] 姚先国、方昕、张海峰. 高校扩招后教育回报率和就业率的变动研究[J]. 中国经济问题,2013,2:3-11.

[103] 叶文振. 中国女性教育:一个性别文化与制度的分析[J]. 福建论坛(人文社会科学版),2007,5:122-125.

[104] 袁晓燕. 教育回报率的性别差异研究[J]. 统计与信息论坛,2012,4:98-102.

[105] 袁正,夏波. 信任与幸福:基于WVS的中国微观数据[J]. 中国经济问题,2012,6:65-74.

[106] 约翰·杜威. 民主、经验、教育[M]. 彭正梅,译. 上海:上海人民出版社,2009:1-13.

[107] 詹鹏. 教育质量与农村外出劳动力的教育回报率[J]. 中国农村经济,2014,10:21-34.

[108] 张文宏,马丹. 社会经济地位、民主观念与政治信任——以上海为例[J]. 江苏行政学院学报,2015,1:52-62.

[109] 张兴祥. 我国城乡教育回报率差异研究——基于CHIP2002数据的实证分析[J]. 厦门大学学报(哲学社会科学版),2012,6:118-125.

[110] 张兴祥,林迪珊. 外来务工人员收入与教育回报率的性别差异研究[J]. 北京大学教育评论,2014,3:121-140.

[111] 张学志,才国伟. 收入、价值观与居民幸福感——来自广东成人调查数据的经验证据[J]. 管理世界,2011,9:63-73.

[112] 张禹青. 传统、现代和后现代：社会信任的三个维度——关于社会信任的本土化探索[J]. 云南民族大学学报(哲学社会科学版), 2012, 2: 65-69.

[113] 张云霞. 教育功能的社会学研究[M]. 武汉: 武汉大学出版社, 2011: 73-74.

[114] 赵文龙, 王夏峥. 当代大学生信任问题研究——基于某高校的调查[J]. 西安交通大学学报(社会科学版), 2012, 5: 120-128.

[115] 珍妮·H. 巴兰坦, 弗洛伊德·M. 海默克. 教育社会学——系统的分析(第六版)[M]. 北京: 中国人民大学出版社, 2011: 8-28.

[116] 郑磊. 同胞性别结构、家庭内部资源分配与教育获得[J]. 社会学研究, 2013, 5: 76-103.

[117] 朱虹. 转型时期社会信任的状况与特征——一项实证研究[J]. 贵州社会科学, 2011, 10: 118-123.

[118] 朱生玉, 白杰. 教育与职业获得研究综述[J]. 现代教育管理, 2011, 3: 21-15.

二、英文参考文献

[1] Adams, J. S. Inequity in social exchang[J]. A dv. E xp. Soc. Psychol, 1965, 2: 267-299.

[2] Alesina, A. & La Ferrara, E. The determinant soft rust[J]. NBER Working Paper, 2000: 7621.

[3] Alesina, A., La Ferrara, E. Who trusts others?[J]. Journal of Public Economics, 2002, 85(2): 207-234.

[4] Alex C. Michalos. Education, Happiness and Wellbeing[J]. Social Indicators Research, 2008, 87(3): 347-366.

[5] Andrew J. Houtenville and Karen Smith Conway. Parental Effort, School Resources, and Student Achievement[J]. The Journal of Human Resources 2008 (2).

[6] Berkman, L. F. & Kawachi, I. Social epidemiology[M]. New York, NY: Oxford University Press, 2000.

[7] Bjørnskov, C. Determinants of generalized trust: Across-country comparison[J]. Public Choice, 2007, 50(1): 1-21.

[8] Bo Rothstein. Just Institutions Matter: The Moral and Political Logic of the

参考文献

Universal Welfare State[M]. Cambridge: Cambridge University Press, 1998.

[9] Bo Rothstein, Eric M. Uslaner. All for All: Equality, Corruption, and Social Trust[J]. World Politics, 2005, 58(1): 41-72.

[10] Bourdieu, P. The forms of capital[M]. In Handbook of Theory and Research for the Sociology of Education, ed. J. R ichardson, 241-58. Westport, CT: Greenwood Press, 1986.

[11] Boyle, R., Bonacich, P. The development of trust and mistrust in mixed-motive games[J]. Soci-ometry, 1970, 53(2): 13-23.

[12] Breen, Richard. Educational Expansion and Social Mobility in the 20th Century [J]. Social Forces, 2010, 89(2): 365-388.

[13] Brehm, J., Rahn, W. In dividual-level evidence for the causes and consequences of social capital[J]. American Journal of Political Science, 1997, 41: 999-1023.

[14] Bruce D. Baker and Preston C. Green III. Equal Educational Opportunity and the Distribution of State Aid to Schools: Can or Should School Racial Composition Be a Factor? [J]. Journal of Education Finance, 2009(3).

[15] Bryan R. Warnick. Dilemmas of autonomy and happiness Harry Brig house on subjective wellbeing and Education[J]. Theory and Research in Education, 2009, 7(1): 89-111.

[16] Buskens, V. Trust and social networks[M]. Boston, MA: Kluwer, 2002.

[17] Christian Kroll. Global Development and Happiness: How can Data on Subjective Wellbeing Inform Development Theory and Practice? [J]. Institute of Development Studies. IDS Working Paper, 2013: 432.

[18] Claire M. Kamp Dush Miles G. Taylor Rhiannon A. Kroeger. Marital Happiness and Psychological Well-Being Across the Life Course[J]. Family Relations, 2008, 57: 211-226.

[19] Clark, A. E. and Oswald, A. J. A simple statistical method for measuring how life eventsaffect happiness[J]. International Journal of Epidemiology, 2002, 31: 1139-1144.

[20] Coleman, J. S. Social capital in the creation of human capital[J]. American Journal of Sociology, 1988, 94: 95-121.

[21] Cook, K. S., Lk Hegtvedt, K. A. Justice and Power: An exchange analysis [M]. In H. W. Bierhoff, R. L. Cohen and J. Greenberg (Eds), Justice in

social relations. New York: Plenum, 1986.

[22] Crocker, R. K. Learning outcomes: A critical review of the state of the field in Canada[J]. Ottawa: Canadian Education Statistics Council, 2002.

[23] Cynthia D. Fisher. Happiness at Work[J]. International Journal of Management Reviews, 2010(12): 384-412.

[24] Daniel P. Eginton. Education as a Function of the State[J]. The Phi Delta Kappan, 1931(3).

[25] David H. Monk. The Education Production Function: Its Evolving Role in Policy Analysis[J]. Educational Evaluation and Policy Analysis, 1989(1).

[26] Deaton, A. Income, health, and well-being around the world: Evidence from the gall up world poll[J]. Journal of Economic Perspectives, 2008, 22(2): 53-72.

[27] De Mello, L. & Tiongson, E. R. What is the value of (my and my family's) good health? [J]. Kyklos, 2009, 62(4): 594-610.

[28] Deborah Davis. Chinese Social Welfare: Policies and Outcomes[J]. The China Quarterly, 1989: 577-597.

[29] Deborah Carr, Vicki A. Freedman, Jennifer C. Cornman, Norbert Schwarz. Happy Marriage, Happy Life? Marital Quality and Subjective Well-being in Later Life[J]. Journal of Marriage and Family, 2014: 930-948.

[30] Delhey, J., and K. Newton. Predicting cross-national levels of social trust: Global pattern or Nordic exceptionalism? [J] European Sociological Review, 2005, 21: 311-327.

[31] Denis Benn. Ethics, social capital and governance: implications for public policy[J]. Social and Economic Studies, 2009, 58(1): 141-152.

[32] Denise Lemieux & Marion Möhle. Changing Structures of Inequality—Gender Inequality in Five Modern Societies[M]. 2002: 333-368.

[33] Diener, E. and Diener, C. Most people are happy[J]. Psychological Science, 1996, 96: 181-185.

[34] Diener E, Seligman M E. Very happy people[J]. Psychological Science, 2002, 13(1): 81-84.

[35] Dohmen, T., A. Falk, D. Huffman, and U. Sunde. The intergenerational transmission of risk and trust attitudes[J]. IZA Working Paper, 2008: 2380.

[36] Easterlin, R. A. Does economic growth improve thehuman lot? [J].

P. A. David & M. W. Reder (Eds.), Nations and households in economic growth: Essays in honor of moses abramovitz. New York, NY: Academic Press, 1974: 89-125.

[37] Ellen S. Cohn, Susan O. White and Joseph Sanders. Distributive and Procedural Justice in Seven Nations[J]. Law and Human Behavior, 2000, 24(5): 553-579.

[38] Emily W. Kane. Education and Beliefs about Gender Inequality[J]. Social Problems, 1995, 42(1): 74-90.

[39] Emily W. Kane. Men's and Women's Beliefs about Gender Inequality: Family Ties, Dependence, and Agreement[J]. Sociological Forum, 1998, 13(4): 611-637.

[40] Erich Gundlach, Matthias Opfinger. Religiosity as a Determinant of Happiness[J]. Review of Development Economics, 2013, 17(3): 523-539.

[41] Eric M. Uslaner. The Moral Foundations of Trust [M]. New York: Cambridge University Press, 2002.

[42] Ernest J. Wilson III. What is Internet Governance and Where Does It Come From? [J]. Journal of Public Policy, 2005(1).

[43] Ethics. Social Capital and Governance: Implications for Public Policy[J]. Social and Economic Studies, 2009: 58(1).

[44] Ferrer-i-Carbonell, A. and van Praag, B. M. S. The subjective costs of health losses dueto chronic diseases: An alternative model for monetary appraisal[J]. Health Economics, 2002(11): 709-722.

[45] Frey, B. and Stutzer, A. What can economists learn from happiness research? [J]. Journal of Economic Literature, 2002(40): 402-435.

[46] Fowler J H, Christakis NA. Dynamic spread of happiness in a large social network: longitudinal analysis over 20 years in the Framing ham Heart Study [J]. BMJ 2008, 337: a2338.

[47] Gheorghiu, Mirona A. Caw Most People Be Trusted? Understanding the Cultural Profile of Generalized Social Trust [D]: [Ph. D.]. University of Sussex, Falmer, 2008.

[48] Granovetter, M. The strength of weak ties[J]. American Journal of Sociology, 1973, 78(6): 1360-1380.

[49] Greene, Kenneth V. and Bong Joon Yoon. Religiosity, Economics and Life

Satisfaction[J]. Review of Social Economy, 2004, 62: 245-261.

[50] Gunnar Lind Haase Svendsen, Gert Tinggaard Svendsen and Peter Graeff. Explaining the Emergence of Social Trust: Denmark and Germany [J]. Historical Social Research, 2012, 37(141): 351-367.

[51] Hardin, R. Trust worthiness[J]. Ethics, 1996, 707(1): 26-42.

[52] Heather J. Smith, Tom R. Tyler. Justice and power: when will justice concerns encourage the advantaged tosupport policies which redistribute economic resources and thedisadvantaged to willingly obey the law? [J]. European Journal of Social Psychology, 1996, 26: 171-200.

[53] Helliwell, J. F. Life Satisfaction and Quality of Development [J]. NBER Working Paper, 2008: 14507.

[54] Helliwell, J. F., Barrington-Leigh, C. P., Harris, A., & Huang, H. International evidence on the social context of well-being [J]. NBER Working Paper. 1-16. Cambridge, National Bureau of Economic Research, 2009.

[55] Heyneman, S. Education and corruption[J]. Paper presented at the Forum on Ethics in Business and Economics: Challenges for Higher Education, 2002.

[56] Holder MD, Coleman B. The contribution of social relationships to children's happiness[J]. Journal of Happiness Studies, 2009, 10(3): 329-349.

[57] Homans, G. C. Social behavior: its elementary forms [M]. New York Harcourt, Brace, Jovanovich, 1961.

[58] Huang, J., MaassenvandenBrink, H., Groot, W. Ameta analysis of the effect of education social capital [J]. Economics of Education Review, 2009, 28 (4): 454-464.

[59] Huber JN. Reproductive biology, technology, and gender inequality: an autobiographical essay[J]. Annu. Rev. Sociol, 2008, 34: 1-13.

[60] Hui CH, Villareal MJ. Individualism-collectivism and psychological needs: their relationships in two cultures [J]. J Cross Cult Psychol, 1989, 20: 310-323.

[61] Hui-Hsun Chiang, Lin Lin, Tony Szu-Hsien Lee. Psychometric integrity of the Chinese Happiness Inventoryamong retired older people in Taiwan[J]. Japan Geriatrics Society, 2015, 7: 1-8.

[62] Inglehart, R. F. Faith and freedom: Traditional and modern ways to happiness

[J]. In: E. Diener, J. F. Helliwell, & D. Kahneman (Eds.), International differences in well-being, 2010: 351-397.

[63] Jan Delhey and Kenneth Newton. Who Trusts? The Origins of Social Trust in Seven Societies[J]. European Societies, 2003: 2.

[64] Jian Huang, Henriëtte Maassen van den Brink, Wim Groot. College Education and Social Trust: An Evidence-Based Study on the Causal Mechanisms[J]. Social Indicators Research, 2011, 104(2): 287-310.

[65] J. F. Helliwell. Hows Life? Combining Individual and National Variables to Explain Subjective Well-Being[J]. Working Paper 9065, Cambridge, Mass. : National Bureau for Economic Research, 2002.

[66] John Dixon and Rhys Dogan. Hierarchies, Networks and Markets: Responses to Societal Governance Failure[J]. Administrative Theory & Praxis, 2002(1).

[67] Junxia Zeng, Xiaopeng Pang, Linxiu Zhang, Alexis Medina and Scott Rozelle. Gender Inequality in Education in China: A Meta-Regression Analysis[J]. Contemporary Economic Policy, 2014, 32(2): 474-491.

[68] Kabanoff, B. Equity, equality, power and conflict. Academy of Mangement Review, 1991, 16: 416-441.

[69] Karen S. Cook and Karen A. Hegtvedt. Distributive Justice, Equity, and Equality[J]. Annual Review of Sociology, 1983, 9: 217-241.

[70] Kathryn Wilson. The Determinants of Educational Attainment: Modeling and Estimating the Human Capital Model and Education Production Functions[J]. Southern Economic Journal, 2001: 67(3).

[71] Kim, Illsoo. New Urban Immigrants: The Korean Community in New York [M]. Princeton, N. J. : Princeton University Press, 1981.

[72] Knack, S., Keefer, P. Doessocialcapital have an economic pay off? Acrosscountry investigation [J]. Quarterly Journal of Economics, 1997, 2(4): 1251-1288.

[73] Knack, S., Zak, P. Buildingtrust: Public policy, interpersonal trust, and economic development [J]. Supreme Court Economic Review, 2002, 10: 91-107.

[74] Knight, J. Social norms and the rule of law: Fostering trust in a socially diverse society [M]. InK. C ook (Ed.), Trustin society. NewY ork: Russell Sage Foundation, 2003.

[75] Kristen Schultz Lee. Hiroshi Ono. Marriage, Cohabitation, and Happiness: A Cross-National Analysis of 27 Countries [J]. Journal of Marriage and Family, 2012, 74: 953-972.

[76] Kumlin, S., and B. Rothstein. Making and breaking social capital [J]. Comparative Political Studies, 2005, 38(4): 339-365.

[77] Laurence J. C. Ma. College of Asia and the Pacific, The Australian National University Australian National University[J]. The China Journal, 2006(55).

[78] Layard, R. Happiness: Lessons from a new science [M]. London: Penguin Books, 2005.

[79] Layard PR, Layard R. Happiness: Lessons from a New Science[M]. Penguin: New York, NY, 2011.

[80] Leyden KM, Goldberg A, Michelbach P. Understanding the pursuit of happiness in ten major cities [J]. Urban Affairs Review, 2011, 47(6): 861-888.

[81] Lin, N. Social Capital: A Theory of Social Structure and Action [M]. Cambridge: Cambridge University Press, 2001.

[82] Lind, E. A., Kanfer, R., & Earley, P. C. Voice, control and procedural justice: instrumental and noinstrumental concerns in fairness judgments [J]. Journal of Personality and Social Psychology, 1990, 59: 952-959.

[83] Lind, E. A., Kulik, C. T., Ambrose, M., & de Vera Park, M. V. Individual and corporate dispute resolution: using precedural fairness as a decision heuristic [J]. Administrative Science Quaterly, 1993, 38: 224-251.

[84] Lind, E. A., & Tyler, T. R. The social psychology of procedural justice[M]. New York: Plenum Press, 1988.

[85] Lucas RE, Dyrenforth PS. Does the existence of social relationships matter for subjective well-being? Self and relationships: Connecting intrapersonal and interpersonal processes [M]. Guilford Press: New York, NY, US, 2006: 254-273.

[86] Mark Blaug. The Correlation Between Education and Earnings: What Does It Signify? [J]. Higher Education, 1972, 2: 386-402.

[87] Mark C. Berger and Eugenia F. Toma. Variation in State Education Policies and Effects on Student Performance [J]. Journal of Policy Analysis and Management, 1994(3).

[88] McMahon, D. M. Happiness: A History [M]. New York: Atlantic Monthly Press, 2006.

[89] Mirona A. Gheorghiu, Vivian L. Vignoles, Peter B. Smith. Beyond the United States and Japan: Testing Yamagishi's Emancipation Theory of Trust across 31 Nations[J]. Social Psychology Quarterly, 2009, 72(4): 365-383.

[90] Mohammad A. Hossain Clement A. Tisdell. Closing the gender gap in Bangladesh: inequality in education, employment and earnings [J]. International Journal of Social Economics, 2005, 32(5): 439-453.

[91] Norma J. Shepelak and Duane F. Alwin. Beliefs about Inequality and Perceptions of Distributive Justice[J]. American Sociological Review, 1986, 51(1): 30-46.

[92] Offe, C. Trustand knowledge, rules and decisions: Exploring a difficult conceptual terrain[M]. InM. Warren(Ed.), Democracyand trust. Cambridge: Cambridge University Press, 1999.

[93] Olena Moiseyenko. Education and Social Cohesion: Higher Education [J]. Peabody Journal of Education, 2005, 80 (4): 89-104.

[94] Patulny, R., G. L. H. Svendsen. Exploring the social capital grid: bonding, b ridging, qualitative, quantitative[J]. International Journal of Sociology and Social Policy, 2007, 27: 32-51.

[95] Paxton, P. Association memberships and generalized trust: Amultilevel model across 31 countries[J]. Social Forces, 2007, 6(1): 47-76.

[96] Perkins R, Kleiner B, Roey S, Brown J. The High School Transcript Study: A Decade of Change in Curricula and Achievement, 1990-2000 [M]. Washington, DC: Nati. Cent. Educ. Stat, 2004.

[97] Phillip W. Jones. Global Governance, Social Policy and Multilateral Education [J]. Comparative Education, 2007(3).

[98] Portes, A. Social capital: its origins and applications in modern sociology. Annual Review of Sociology, 1998, 24: 1-24.

[99] Putnam, R. D. Bowling Alone. The Collapse and Revival of American Community[M]. New York: Simon& Schuster, 2000.

[100] Rothstein,B., Stolle, D. How political institutions create and destroy social capital: Aninstit-utionalised theory for social capital[C]. Paper presented at the 98th Meetingof American Political Science Association, Boston,

MA, 2002.

[101] Robert C. Knoeppel, Deborah A. V. What is The Relationship Between Resources and Student Achievement? A Canonical Analysis[J]. Journal of Education Fiance, 2007(2).

[102] Robert D. Putman. Making Democracy Work: Civic Traditions in Modern Italy [M]. Princeton: Princeton University Press, 1993.

[103] Robert M. Hutchins. The Learning Society[M]. London: Pall Mall Press, 1968: 23-24.

[104] Rodney Barker. Review[J]. The British Journal of Sociology, 1995, 46(2): 358.

[105] Ruut Veenhoven. Social conditions for human happiness: A review of research [J]. International Journal of Psychology, 2015, 50(5): 379-391.

[106] Sacks, D. W., Stevenson, B., & Wolfers, J. Subjective well-being, income, economic development and growth Working Paper[J]. Cambridge, National Bureau of Economic Research, 2010.

[107] Schultz, T. P. Benefits of educating women[R]. Background Papers Series, Education and Employment Division, Population and Human Resources Department, World Bank, Washington, DC, 1989.

[108] Scott Cloutier, Deirdre Pfeiffer. Sustainability Through Happiness: A Framework for Sustainable Development[J]. Sustainable Development Sust, 2015: 317-327.

[109] Sibel Selim.. Satisfaction and Happiness in Turkey[J]. Social Indicators Research, 2008, 88(3): 531-562.

[110] Simone Borghesi and Alessandro Vercelli. Happiness and Health: Two Paradoxes[J]. Journal of Economic Surveys, 2012, 26(2): 203-233.

[111] Sjoerd Beugelsdijk, L. F. Henri de Groot, B. T. M. Anton van Schaik. Trust and Economic Growth: A Robustness Analysis[J]. Oxford Economic Papers New Series, 2004: 56.

[112] Son, J., N. Lin. Social capital and civic action: A network-based approach [J]. Social Science Research, 2008, 37: 330-349.

[113] Song, L., and S. Appleton. Why Do Girls in Rural ChinaHave Lower School Enrollment? [J]. World Development, 2006, 34(9): 1639-1653.

[114] Stiglitz, J. E.; Sen, A. and Fitoussi, J. P. Report by the Commission on the

Measurement of Economic Performance and Social Progress, Paris, 2009.

[115] Svendsen, G. T., and G. L. H. Svendsen, eds. Handbook of Social Capital [M]. The Troika of Sociology, Political Science and Economics. Cheltenham, UK, Northampton, MA, USA: Edward Elgar, 2009.

[116] Sztompka, P. Trust: A sociological theory [M]. Cambridge: Cambridge University Press, 1999.

[117] Tal Gilead. Rousseau, Happiness, and the Economic Approach to Education [J]. Education Theory 2012, 62(3).

[118] Taylor, D. M., &Moghaddam, F. M. Theories of intergroup relations: International social psychological perspectives [M]. New York: Praeger Publishers, 1987.

[119] Thomas G Weiss. Governance, good Governance and Global Governance: Conceptural and Actual Challenges[J]. Third World Quarterly, 2000: 5.

[120] Tony Vinson, Matthew Ericson, Tony Vinson, Matthew Ericson. The social dimensions of happiness and life satisfaction of Australians: Evidence from the World Values Survey[J]. International Journal of Social Welfare and John Wiley & Sons Ltd. Int J Soc Welfare, 2014: 23, 240-253.

[121] Tyler, T. R. The psychology of procedural justice: a test of the group-value model[J]. Journal of Personality and Social Psychology, 1989, 57: 830-838.

[122] Tyler, T. R., & Lind, E. A. A relational model of authority in groups[J]. In M. Zanna(Ed.), Advances in Experimental Social Psychology, 1992, 25: 115-191.

[123] Tyler, T. R., Degoey, P., & Smith, H. J. Understanding why the justice of group procedures matters: A test of the psychological dynamics of the group-value model [C]. Unpublished manuscript, University of California, Berkeley, 1994.

[124] Uslaner, Paul J. Zak and Stephen Knack. Trust and Growth[J]. Economic Journal, 2001: 111.

[125] Uslaner, E. The moral foundations of trust [M]. Cambridge: Cambridge University Press, 2002.

[126] Uslaner, E. M. Where you stand depends on where your grandparents sat: the inheritability of generalize trust [J]. Public Opinion Quarterly, 2008, 72: 25-40.

[127] Veenhoven, R. Is happiness relative? [J]. Social Indicators Research, 1991, 24(1): 1-34.

[128] Vinson, T., Brown, N., Graham, K., & Stanley, F. Acompendium of social inclusion indicators: How's AustraliaFaring? [M]. Canberra, Australia: Commonwealth of Australia, 2009.

[129] Vincenzo Carrieri. Social Comparison and Subjective Well-being: Does The Health of Others [J]. Bulletin of Economic Research, 2012, 64 (1): 3307-3378.

[130] Wail Benaabdelaali, Saîd Hanchane, Abdelhak Kamal. Chapter 13 Educational Inequality in the World, 1950-2010: Estimates from a New Dataset" In Inequality, Mobility and Segregation: Essays in Honor of Jacques Silber. Published online: 09 Mar 2015; 337-366. Inequality, Mobility and Segregation: Essays in Honor of Jacques Silber Research on Economic Inequality, Volume, 2015, 20: 337-366.

[131] Walder, Andrew G. Communist Neo-Traditionalism: Work and Authority in Chinese Industry[M]. University of California Press, 1986.

[132] Walster, E., Berscheild, E., Walster, G. W. New directions in equity research[J]. J. Pers. Soc. Psychol, 1973, 25: 151-76.

[133] Weber, R. Religio-philosofical roots[M]. In Handbook Of Social Capital, The Troika of Sociology, Political Science and Economics, 2009.

[134] Witter, D., Okun, M. A., Stock, W. A., & Haring, M. J. Education and subjective well-being: Ameta-analysis[J]. Educational Evaluation and Policy Analysis, 1984, 6: 165-173.

[135] World Bank. Constructing knowledge societies: New challenges for tertiary education[R]. Washington, DC, 2002.

[136] World bank. World Development Report 2012: Gender and Development[R]. Washington DC: World Bank, 2012.

[137] Yamagishi, T., Yamagishi, M. Trust and commitment in the United States and Japan[J]. Motivation and Emotion, 1994, 18(2): 129-166.

[138] Yao Tang & Wenjin Long. Gender Earnings Disparity and Discrimination in Urban China: Unconditional Quantile Regression[J]. Technology, Innovation and Development, 2013, 5(3): 202-212.

[139] Yew-Kwang NG. Happiness Studies: Ways to Improve Comparability and

Some Public Policy Implications [J]. The Economic Record, 2008, 84 (265): 253-266.

[140] Yu Xie, Qing Lai, Xiaogang Wu. DanWei and Social Inequality in Contemporary Urban China[J]. Res Social Work, 2009, 1: 283-306.

[141] Zeng Lin. Embedded Liberal Education in a Risk Society: Exploring the Relationship between Education and Work[M]. WuHan: Wuhan University Press, 2015.

[142] Zeng Lin. Imported Talents: Demographic Characteristics, Achievement and Job Satisfaction of Foreign Born Full Time Faculty in Four-Year American Colleges[J]. Higher Education, 2009: 6.

后 记

别离珞珈，匆匆四载；樱花几度缤纷后，有幸再续前缘。在武汉大学出版社的帮助下，我这名珞珈学子的学习总结得以付梓。看着这本不厚的书稿，思绪万千，宛若再回东湖畔、樱花下的校园；恩师教诲、同窗论道，历历在目，一如昨天。

本书主要研究领域为教育社会学，作为教育学和社会学的交叉学科，它兼具教育学的议题和社会学的视角。教育对各个主题的影响已不是研究的热门议题。在各前沿议题的研究中，教育作为一个不容忽视的影响因素存在，屡见不鲜。但教育对性别差异的影响研究则是国际学术界研究中长盛不衰的热门议题。薄薄一本小册，见证了我三年博士研究生学习的经历和成长，总结了三年努力所得的学术思想和研究经验。三年时间，我从一个不识"社会学想象力"为何物的社会学门外汉，逐步成长为一名合格的社会学博士，其中自有不胜数的艰辛，更有恩师的教诲、帮助和关爱。

我的导师林曾教授是一位兼具专业素养和广博胸怀的学者，是武汉大学从海外引进的高层次专家。成为林曾教授的门下弟子是我的大幸，改变了我的生命历程，恩师三年的言传身教，对我的一生将带来不可估量的影响。

在武汉大学三年的学习生涯，林老师因我"半路出家"，基础薄弱，而多加鼓励和教导；引我入门，带我学习，从基础理论到研究前沿，从调查准备、到数据分析，从学术思维到研究方法；循序渐进，带我一步一步走进教育社会学研究的殿堂。在学习中，林老师不仅邀请国内外知名教授、专家做专题教学，拓展我们的见识和眼界；更注重研究实践，让我们在实践中进一步深化对定量研究思路和方法的认识。林老师带着我们建设了一个集学习和研究实践为一体的平台——武汉大学社会调查研究中心。

武汉大学社会调查研究中心的经历加速了我的成长。全面参与 2014 年武汉市社会状况综合调，使我学会了一整套的社会调查方法和流程；后期数据录入和报告撰写也让我对定量研究方法有了新的认识和提高。这次调查，我熟悉了整套社会大型综合调查的程序及分析方法；之后的樱花调查、武汉市科研经

后　记

费调查让我进一步积累经验。在实践中发现自己的不足，返回书堆充电、请教恩师、同窗论道，一次次的循环往复中，我获得的不仅是知识的积累，更是对研究和学术锲而不舍的精神。定量研究方法和 SPSS 和 STATA 软件的熟练运用是我在武汉大学社会调查研究中心的另一重要收获，一个是获取数据的调查方法，一个是分析数据的研究方法，正是它们破除了我研究道路上的诸多障碍，成就了今天我们看到的这本书。

本书的成书和出版得到了林曾教授的大力支持，向德平教授给予了中肯建议，罗教讲教授、慈勤英教授、田北海教授提出了指导意见。兰剑博士、腾芸博士、高万芹博士等同窗都给与了很多帮助。纸短言长，成书之际，对恩师和诸位老师的指导和同窗的帮助深表感谢。

珞珈山、东湖水、同窗谊、师生情，永铭今生。山水一程，三生有幸！

蒋亚丽
2020 年 7 月于歌乐山